하나님을 아는 지식, 내 성품이 되다

신학이 있는 믿음

FRUITFUL THEOLOGY

신학이 있는 믿음

지은이 | 로니 커츠
옮긴이 | 정성묵
초판 발행 | 2023. 1. 18
등록번호 | 제1988-000080호
등록된 곳 | 서울특별시 용산구 서빙고로65길 38
발행처 | 사단법인 두란노서원
영업부 | 2078-3333 FAX | 080-749-3705
출판부 | 2078-3332

책값은 뒤표지에 있습니다.
ISBN 978-89-531-4377-7 03230

독자의 의견을 기다립니다.
tpress@duranno.com www.duranno.com

두란노서원은 바울 사도가 3차 전도 여행 때 에베소에서 성령 받은 제자들을 따로 세워 하나님의 말씀으로 양육
하던 장소입니다. 사도행전 19장 8-20절의 정신에 따라 첫째 목회자를 돕는 사역과 평신도를 훈련시키는 사역,
둘째 세계선교™와 문서선교단행본·잡지 사역, 셋째 예수문화 및 경배와 찬양 사역, 그리고 가정·상담 사역 등을 감
당하고 있습니다. 1980년 12월 22일에 창립된 두란노서원은 주님 오실 때까지 이 사역들을 계속할 것입니다.

하나님을 아는 지식,
내 성품이 되다

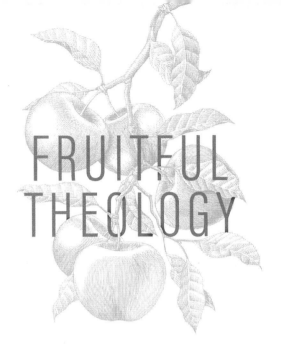

FRUITFUL
THEOLOGY

신학이 있는 믿음

로니 커츠 지음
정성묵 옮김

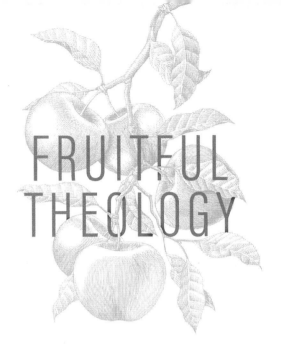

두란노

우리 딸 핀리 제인Finley Jane에게

삼위일체 하나님이 네 마음mind(사고)의 눈을 사로잡아 주시기를,
그분의 영광과 은혜에 대한 네 묵상이 열매를 맺어
믿음의 시력을 갖게 되기를 소망한다.
사랑한다.

| Contents |

다시 '영'과 '진리'로
예배할 시간

— 마귀가 흩뿌려 놓은 생각의 오류들 속에서

'정통 교리를 고수하는 일'과 '친절하고 너그러운 성품'은 물과 기름처럼 절대 섞일 수 없다는 통탄할 만한 관념이 오늘날 우리를 괴롭히고 있다. 어디서부터 온 생각인지는 알 수 없으나 매 순간 SNS에서 그리고 매 주일 많은 복음주의 교회에서 이런 거짓된 이분법이 작동하는 모습을 볼 수 있다.

아, 방금 한 말은 취소다. 실은 그 관념이 어디서 왔는지 정확히 안다. 바로 우리의 영적 원수인 마귀에게서다. 마귀는 우리 그리스도인들이 '무뚝뚝하기 짝이 없는 정통 교리'와 '죄의 회개와는 상관없는 단순한 사회적 에티켓' 중 하나만을 선택하고 그로 인해 우리 신앙에 대한 신뢰성이 흔들리는 것을 좋아하고 바란다.

많은 그리스도인이 자라난 대부분의 교회 문화에서는 '거룩한 사람'이 누구인지에 대한 암묵적 동의가 있다. 바로 웃지 않는 사람이다. 딱히 말하지 않아도 다들 내심 그렇게 생각한다. 하지만 과연 그것이 진정한 거룩함일까? 예수님과 가까워지고 하나님을 더 깊이 알수록 시무룩해진다는 말인가? 제정신이라면 누가 그런 기독교를 매력적으로 느끼겠는가?

그런가 하면 우리는 소위 '친절하다는' 교회 형제들이 믿지 않는 죄인들을 받아 주는 차원을 넘어 갖가지 죄까지도 기꺼이 수용하는 모습을 보았다. 그들은 '관용'이라는 이름으로 타협하고 '해체deconstruction'라는 이름으로 신앙을 변질시키고 있다. 과연 이것이 그리스도를 닮은 모습인가? 신앙이라는 거대한 감람나무가 세상

문화라는 거센 바람에 마구 흔들리는 잡초로 변하고 있다. 유다는 서신서에서 바로 이러한 상황을 경고했다.

하지만 당신과 나는 원한다면 마귀를 거부할 수 있다. '영'과 '진리'로 드리는 예배가 진정한 예배라고 말씀하신 하나님께 제대로 순종할 때, 우리는 교회 안에까지 퍼진 시대정신을 거부할 수 있다. 요 4:23

영과 진리. 진리와 영. 세상에서 떠들거나 당신 스스로 의심하는 바와 달리 이 둘은 떼어 놓을 수 없다. 죄 없으신 우리 구주 예수 안에서 이 둘이 완벽히 만났다. 우리 주님은 진리 자체이신 동시에 생명이신 분이다. 그분은 '보수' 지도자들의 교리적 오류와 '진보' 지도자들의 교리적 오류를 양쪽 다 지적하심으로써 그릇된 신학을 바로잡으셨다. 동시에 그분은 상처 입은 사람을 만지시고, 무너진 사람을 위로하시며, 사회의 주변부 인생들을 겸손히 섬기셨다.

우리가 이 책에서 말하는 메시지를 진지하게 받아들인다면 오늘날 우리 교회들에서도 그리스도의 영과 진리가 다시 만나는 모습을 볼 수 있으리라. 로니 커츠는 거룩함에 대한 비전의 방향을 '성령의 열매' 쪽으로 다시 바로잡기 위해 무던히도 애썼다. 그의 노력이 얼마나 고마운 일인지 모른다. 성령의 아홉 가지 열매야말로 진정 거룩함을 나타내는 모습이 아닌가. 바로 우리 예수님을 닮은 모습!

예수님께 시선을 고정하면 '정통 교리'와 '성령의 열매'가 결코 상호배타적이 아님을 분명히 보게 된다. 정통 교리는 성령의 열매를 낳고, 성령의 열매는 옳은 교리를 매력적으로 보이게 한다. 목회하는 신학자이자 한 사람의 그리스도인으로서 로니 커츠는 저 둘 중 한쪽의 실패가 다른 쪽의 신뢰성을 떨어뜨린다는 점을 잘 이해하고 있다. 정통 교리는 그리스도를 닮은 성품에 적절한 형태와 틀을 제공한다. 그리스도를 닮은 성품은 우리의 정통 교리가 종교적 쇼에나 어울리는 공허한 이념이 아님을 증명한다.

로니 커츠는 이 책을 쓰기에 더없이 적격인 인물이다. 그는 내가 46년간 신앙 생활을 하면서 만난 그 누구보다도 이 개념을 잘 실천하는 사람이기 때문이다. 미드웨스턴침례신학교에서 그와 사역하면서 나눈 우정은 내게 큰 복이요 격려였다. 무엇보다 그는 언행일치의 표본이다. 그는 하나님의 생각을 추구하며, 신중하고도 정밀하게 사고하는 사람이다. 또한 자비롭고 온유하고 참을성이 많으며, 그 외에도 여러 가지 성령의 열매가 삶에서 나타나는 사람이다. 그는 예수님을 많이 닮았다. 예수님을 닮은 사람이 그분을 연구하는 신학에 관해 쓴 책을 손에 든 당신, 정말이지 잘한 일이다.

제라드 윌슨 Jared C. Wilson

미드웨스턴침례신학교 Midwestern Baptist Theological Seminary

'신학 없는' 믿음, '성령의 열매 없는' 신학의 참상

1

모든 사람이
신학자다

신학은 하나님 그리고 그분과 관계된 모든 것에 대한 연구다.[1] 한마디로 기독교 신학을 한다는 건 '하나님'을 알아 가는 작업이다.

또한 기독교 신학자는 이렇게 선포한다. "하늘에서는 주 외에 누가 내게 있으리요 땅에서는 주밖에 내가 사모할 이 없나이다 내 육체와 마음은 쇠약하나 하나님은 내 마음의 반석이시요 영원한 분깃이시라."시 73:25-26 하나님은 신학자가 사모하는 존재요, 신학자의 분깃portion이시다.

신학은 '만물의 창조, 죄인들의 구속, 교회의 시작, 그리스도인의 삶의 윤리, 만물이 영광스러운 회복에 이르는 날' 등 수많은 주제를 다루지만, 무엇보다도 그 핵심은 '하나님'이다. 창조에 대한 연구는 '하나님의 작품'에 대한 연구요, 교회에 대한 연구는 '하나님의 백성'에 대한 연구다. 구원에 대한 연구 역시 '하나님의 구속'에 대한 연구다. 보다시피 하나님은 기독교 신학의 첫째가는 주제다. 하나님을 모든 것에 우선시하며, 나머지 모든 것은 그 마땅한 자리 곧 하나님 아래에 둔다.

요컨대, 우리가 신학 공부를 통해 하나님의 깊은 것들을 지적知的으로 사고하는 일은 다름 아닌 삼위일체 하나님께 시선을 고정하는 행위다.

책을 시작하기가 무섭게, 신학을 철저히 하나님 중심으로 이해하는 일을 왜 이렇게 강조할까? 기독교 신학의 주제로서 하나님이 차지하는 비중이 어느 정도인지를 제대로 아는 것은 중대한 문제이기 때문이다. 그럴 때 신학이 다른 모든 지적 활동과 구별된다. 하나님은 단순히 조사해야 할 사실들의 집합이 아니다. 하나님은 "능력의 말씀"으로 우주를 지으신 분이다. 그분은 단순히 조사 대상이 아니라 우리가 찬양해야 할 분이시다. 일반적인 학문 분야는 학생들이 다양한 주장들을 연구하고 판단하는 데 국한되지만, 기독교 신학은 학생들에게 단순히 진리의 주장들을 판단하는 것을 넘어 예배할 것을 요구한다.

신학의 목표는 하나님이 누구이시며 세상 가운데서 하나님이 무슨 일을 행하고 계신지를 더 정확히 아는 것이다. 이런 목표로 신학을 제대로 하면 우리는 이전과 다른 사람으로 변해 간다. 하나님에 관한 우리의 혼란이 신학을 통해 명료하게 돼 기독교 신앙의 진리 앞에 이르면 그 진리로 말미암아 우리는 변화될 수밖에 없다. 성경 처음부터 끝까지, 성경 속 인물들이 하나님의 임재 가운데 들어갈 때마다 강력한 반응이 나타났다.

이사야서 6장에서 이사야는 "하나님을 보았고" 그분과 함께 있는 천사들도 보았다. 거룩하신 하나님 앞에서 절망에 빠진 이사야는 자신의 악함을 낱낱이 고백했다. "화로다 나여 망하게 되었도다 나는 입술이 부정한 사람이요 나는 입술이 부정한 백성 중에 거주하면서 만군의 여호와이신 왕을 뵈었음이로다."5절

신약성경으로 넘어가 사도 요한을 한번 생각해 보라. 요한계시록에서 그는 하나님에 관한 환상을 보았다. 그 뒤에 이런 기록

이 나타난다. "내가 볼 때에 그의 발 앞에 엎드러져 죽은 자같이 되매."^{계 1:17}

하나님의 임재는 우리를 변화시킨다. 죄인들이 하나님의 영광과 위엄을 마주하면 달라지지 않을 도리가 없다. 신학을 하나님의 실제 임재와 혼동해서는 곤란하지만, 신학을 제대로 하는 것이 삼위일체 하나님의 정체성과 역사를 분명히 알고 마주하는 일이라면 신학은 우리 안에 변화를 낳아야 마땅하다.

우리의 사고^{mind}를 새롭게 해 신학적 추론에 참여하면 인류에게 알려진 가장 위대한 드라마 속으로 들어가게 된다. 하나님의 정체성과 역사 속에서 우리는 선과 아름다움과 진리를 한가득 목격하게 된다. 그런 의미에서 신학하는 삶은 모험하는 삶이다. 이 선하고 아름다우며 참되신 하나님을 점점 더 깊이 묵상하고 이해하는 것 자체가 곧 모험이다. 우리가 하나님 그리고 그분과 관계된 모든 것을 묵상하려는 이 모험을 시작하기만 하면 변화가 시작된다. 이것이 이 책을 통해 전하고 싶은 강한 확신이다.

나아가, 이 변화가 성령의 열매로 이어지는 삶 즉 그리스도를 닮아가는 삶이어야 한다는 점을 이 책에서 자세히 파헤치려 한다. 간단히 말해, 우리가 쌓은 지식은 성령의 열매로 이어질 수 있고 또 이어져야 한다. 신학을 잘한 결과는 사랑, 희락, 화평, 오래 참음, 자비, 양선, 충성, 온유, 절제여야 한다.^{갈 5:22}

혹시 이것이 '신학자'라는 특정 부류에게나 해당되는 이야기일 뿐이라고 생각하는가? 이것이 대체 '나'랑 무슨 상관인가 싶은가?

"신학이란 무엇인가?"라는 질문에 대한 답이 "하나님 그리고 그분과 관계된 모든 것에 대한 연구"라면, "신학자는 누구인가?"라는 질문에 대한 답은 바로 "모든 사람"이다. 단 한 명도 예외 없이 우리 모두가 신학자다. 심지어 하나님이 없다고 주장하는 사람도 나름의 신학을 고백하고 있는 것이다. '지금 이 책을 읽고 있는 당신도 신학자'라는 말은 결코 과장이 아니다. 물론 하나님에 관한 당신의 생각은 아직 초보적일 수 있다. 어떤 이는 신념을 형성하는 초기 단계일 수도 있다. 또 다른 이에게는 신학이 오랜 시간을 함께해 온 오랜 친구와 같을 수도 있다. 어떤 경우든 당신은 이미 신학자다.

당신이 신학자라는 것은 더할 나위 없는 기정사실이다. 하나님에 관해 생각하고 말할 때마다 우리는 신학자로서 신학에 참여하고 있는 것이다. 그렇다면 이쯤에서 더 적절한 질문은 당신이 열매를 잘 맺는 좋은 신학자가 될 것이냐다. "위의 것을 생각"해골 3:2 하나님과 그분이 행하신 역사를 더 분명히 보고 더 귀하게 여기게 될 것인가? 이 책의 목표대로, 이 중요한 일을 제대로 할 것인가? 즉 하나님에 관한 당신의 생각이 삶에서 성령의 열매로 나타날 것인가?

이쯤에서 예상되는 또 다른 불만은, 당신이 그동안 본 기독교 신학을 실천한다 하는 사람들의 모습이 성령의 열매 목록과는 한

참 거리가 먼 경우가 많다는 것이다. 당신도 이 책을 집어 들면서 자연스레 신학자들에 대한 몇몇 이미지가 떠올랐을 텐데, 거기에 혹시 오래 참음이나 자비, 양선 같은 것들이 있었는가? 그런 경우가 거의 없다는 안타까운 현실 때문에 이 책이 탄생했다. 신학이나 신학자라는 호칭으로 불리는 이들에게 그닥 유쾌하지 못한 경험을 한 사람이 너무도 많다. 언제부터인가 기독교 신학에서 뭔가가 잘못되었다. 여기서 두 번째 질문이 나온다.

오늘날 신학은 무엇이 문제인가?

오늘날 신학, 무엇이 문제인가

간단히 답하자면 아무런 문제가 없다. 신학 자체는 인류가 창조된 이후로 아무런 문제가 없었다. 단, 오늘날 벌어지는 신학적 논쟁 일부에서 문제가 나타나고 있다. 오늘날 신학적 논쟁에서는 성경이 말하는 성령의 열매를 눈을 씻고 찾아봐도 보기 힘들다. 오늘날 신학이라는 꼬리표를 달고 있는 많은 것들은 대화나 사려 깊음을 가장한 불안과 분노로 가득하다. 당장 소셜 미디어를 조금만 스크롤해 봐도 신학을 하기 위해서는 '분노'해야 한다는 결론에 이르게 된다.

신학이 기쁨의 샘이 아닌 무기로 사용되고 있다. 그것도 악한 용도로. 신학의 오용이 만연하다는 것은 당신도 그것을 경험해봤을 가능성이 크다는 뜻일 게다.

신학이 분열의 도구로 무기화되다. 신학이 이런 식으로 오용될 때 기독교의 선한 진리는 형제자매끼리 싸우기 위한 도구로 전락한다. 교리의 요점들은 '우리 VS 저들'로 편을 가르며 전쟁이 벌어지는 경계선이 된다. 물론 경계선을 정확히 그어서 고수해야 할 때도 있지만, 신학적 경계가 계속해서 축소되어 오직 자신과 자신의 소수 추종자들만 진리를 가졌다 착각하게 될 수 있다. 신학이 같은 형상을 지닌 이들과의 연합을 깨는 무기로 사용되면서, 팔짱을 끼고 함께 약속의 땅으로 행진해야 할 형제자매 사이에서 불화가 발생한다.

신학이 교만의 도구로 무기화되다. 신학이 이런 식으로 오용되면 지식이 축적될수록 자아가 커진다. 진리를 추구하는 것은 스스로 대단해지기 위한 작업일 뿐이다. 오용된 신학의 수원에서 오만의 물이 흘러나오면 이제 목표는 이웃의 유익이 아니라 이웃의 박수갈채가 된다. 자신이 지닌 지식으로 다른 사람들의 유익을 추구하는 것이 아니라, 지적 능력을 남들에게 과시하여 하나님께 드려야 마땅한 찬사를 자신이 가로채려고 한다. 신학이 무익한 쇼로 변질되는 것이다. 이렇게 되면 신학자들은 교리라는 무대에서 신학적 개념을 명쾌하게 설명하거나 화려한 표현을 선보이면서 관중을 즐겁게 해 주는 배우에 불과하게 된다.

신학이 성화와 지혜의 대체물**로 무기화된다.** 신학적 명료함과 확신을 기독교의 지혜로 오해하기 쉽다. 하지만 하나님을 향한 진정한 헌신을 신학적 전문용어와 논리로 평가할 수는 없다. 계속해서 보면 알겠지만, 하나님은 신학을 성화의 도구로 사용하실 수 있고 자주 그렇게 하시는 것으로 보인다. 하지만 신학적 지성을 갖추었다고 해서 정서지능, 관계지능, 문화지능 같은 것들을 경시해서는 곤란하다. 그리스도인의 성화는 모든 영역에서 이루어지는 것이다. 신학이 중요한 한 요소이기는 하지만, 그것만으로는 부족하다. 그리스도인의 삶은 다양한 측면에서의 성숙과 지혜를 요구한다. 우리는 온 마음과 목숨과 뜻과 힘을 다해 하나님을 사랑해야 한다. 신 6:4-7; 마 22:37-40; 막 12:30-31; 눅 10:27

현재 다양한 방식으로 신학이 오용되고 있다. 이어지는 장들에서 성령의 열매를 하나하나 살피면서 신학의 다른 오용도 살펴볼 것이다. 하지만 이 책은 성령의 아홉 가지 열매에 초점을 맞춘 책이므로 먼저 기독교 신학자가 갖추어야 할 이 영광스러운 특성들을 살펴보는 편이 적절할 듯하다.

성령의 열매로 이어지는 신학적 사고

이 책은 신학이 목소리를 한껏 높이거나 분노해야 참여할 수 있는 것이라는 그릇된 관념을 본래대로 회복시키고자 한다. 이 책이 추구하는 목표를 다시 말하자면, 우리의 지적 사고 활동(신학적 사고)이 어떻게 성령의 열매를 맺는 영적 삶으로 이어질 수 있는지를 보여 주는 것이다. 우리는 묵상이라는 영광스러운 작업이 어떻게 일상에서 사랑, 희락, 화평, 오래 참음, 자비, 양선, 충성, 온유, 절제로 이어지는지를 논할 것이다.

성령의 열매와 같은 그리스도인의 미덕을 기르려는 수단으로서의 신학은 전혀 새로운 개념이 아니다. 서로 다른 시대를 살았던 두 인물의 발언을 살펴보면 이 중요한 요점을 이해하는 데 도움이 된다. 4세기에 태어난 북아프리카 출신의 아우구스티누스 Augustinus는 교부들 중에서도 가장 유명한 인물이다. 교회사에 길이 남을 그가 이런 말을 남겼다. "우리는 삼위일체 하나님의 형상을 따라 창조되었다. 이 하나님을 즐기는 것이야말로 온전한 기쁨이다. 이보다 더 큰 기쁨은 없다."[2]

실로 대담한 이 발언에 나 역시 적극 동의한다. 우리는 가족, 음식, 직업, 휴가, 돈, 물건, 경험 등 수많은 방식으로 기쁨을 얻을 수 있다. 하지만 기쁨의 불을 지피기 위한 가장 큰 땔나무는 바로 삼위일체 하나님이시다. 삼위일체 하나님을 즐기는 것이야말로 지극히 순수한 즐거움에 해당한다. 다른 기쁨은 그저 왔다가 간다. 풀이 시들고 꽃이 지는 것처럼 세상이 주는 기쁨들은 오늘 왔다가도 내일이면 사라진다. 사 40:8 하지만 하나님은 어제나 오늘이나 영원토록 동일하시다. 따라서 그분 안에서 발견되는 기쁨은 변함없으면서도 가장 순수한 기쁨이다. ^{히 13:8}

하지만 젠 윌킨^{Jen Wilkin}에 따르면 "마음은 머리가 알지 못하는 것을 사랑할 수 없다."[3] 우리의 마음이 삼위일체 하나님을 사랑하는 데서 오는 기쁨을 누리기를 원한다면 우리의 머리가 하나님을 알려고 노력해야 한다. 우리의 머리와 마음은 생각보다 더 가까이에 있다. 우리는 '계속해서 생각하는 것'을 점점 좋아하기 마련이다.

교회사 속 또 다른 유명한 신학자의 말을 들어 보자. 이번에는 4세기 북아프리카에서 13세기 이탈리아로 넘어간다. 중세 사상가 토머스 아퀴나스^{Thomas Aquinas}다. 아퀴나스의 말은 이 책의 정신과 정확히 일치한다. "우리 삶 전체는 삼위일체를 아는 지식 안에서 열매를 맺고 성취에 이른다."[4] 이 글에서 아퀴나스는 신학의 지식을 얻을 때 얻는 "열매"가 있다는 점을 보여 준다. 생각만으로도 하나님의 발치 아래에서 시간을 보내면 그에 상응하는 결과가 따른다. 바로 우리 삶 전체가 열매를 맺기 시작하는 것이다. 우리 하나님 안에서 극치에 이르는 것들 즉 선과 아름다움과 진리를 묵상하면 미움이 사랑으로, 절망이 희락으로, 분열이 화평으로, 근심이 오래 참음으로, 적대감이 자비로, 악행이 양선으로, 불순종이 충성으로, 가혹함이 온유로, 방종이 절제로 변한다.

이 책의 나머지 부분에서는 이런 영광스러운 미덕들, 그리고 그것들과 신학하는 삶 사이의 관계를 논할 것이다. 그 전에 이번 장에서 성령의 열매에 관해 짚고 넘어갈 것이 있다. 갈라디아서 5장을 펴서 바울이 말하는 "성령의 열매"와 "육체의 일"을 간단히 살펴보자. 특히, 그것들이 우리의 지적 사고 활동과 어떻게 연관되는지를 보자.

성령의 열매 VS 육체의 일

갈라디아서는 의로운 행위의 핵심을 찌르는 은혜 충만한 단검이다. 사도 바울은 예수 그리스도의 복음을 버린 갈라디아 교회 교인들에 대한 깊은 우려를 안고 펜을 들었다. 복음은 삼위일체 하나님이 예수 그리스도의 정체성과 사역을 통해 우리가 처한 절망적인 상황에 뭔가를 해 주셨다는 복된 소식이다. 그것은 죄인들이 믿음으로 그리스도께 연합하면 삼위일체의 사랑 안으로 구속될 수 있다는 기쁜 소식이다. 갈라디아 교회 교인들이 생명을 구원하는 이 메시지를 버렸으니 바울이 경악한 것도 무리는 아니다. 다른 어떤 소식도 예수 그리스도의 소식처럼 영생을 가져다줄 수 없다. 갈라디아서 1-4장에서 이신칭의, 구약에 비한 신약의 영광, 율법과 복음의 차이점 등을 다룬 바울은 지금 우리가 여기서 주목하는 5장에 이른다.

5장의 포문을 여는 진술은 평생 묵상할 만한 가치가 있다. 이 여섯 단어는 지치고 불안한 영을 달래 주는 향유이며, 이 책에서 특히 더 중요한 의미를 지닌다. 갈라디아서 5장은 이렇게 시작된다. "그리스도께서 우리를 자유롭게 하려고 자유를 주셨으니." 영광스러운 선포 뒤에는 중요한 명령이 이어진다. "굳건하게 서서 다시는 종의 멍에를 메지 말라."[1절] 그리스도와 그분의 복음은 종의 멍에가 아닌 자유를 안겨 준다.

바울은 교인들에게 중요한 질문을 던지기 위해 기독교 신앙의 이 놀라운 진리를 꺼내 들었다. 그 질문은 바로 이러하다. "너희가 달음질을 잘하더니 누가 너희를 막아 진리를 순종하지 못하게 하더냐."[7절] 바울은 이 질문에 관해 설명하면서 두 가지 삶의 방식을 논한다. 하나는 잘 산 삶이고, 다른 하나는 교정이 필요한 삶이다. 바울은 16-26절에서 "성령의 열매"와 "육체의 일"을 비교한다.

내가 이르노니 너희는 성령을 따라 행하라 그리하면 육체의
욕심을 이루지 아니하리라 육체의 소욕은 성령을 거스르고
성령은 육체를 거스르나니 이 둘이 서로 대적함으로 너희가
원하는 것을 하지 못하게 하려 함이니라 너희가 만일 성령의
인도하시는 바가 되면 율법 아래에 있지 아니하리라 육체의 일은
분명하니 곧 음행과 더러운 것과 호색과 우상숭배와 주술과 원수
맺는 것과 분쟁과 시기와 분냄과 당 짓는 것과 분열함과 이단과

투기와 술 취함과 방탕함과 또 그와 같은 것들이라 전에 너희에게
경계한 것같이 경계하노니 이런 일을 하는 자들은 하나님의
나라를 유업으로 받지 못할 것이요 오직 성령의 열매는 사랑과
희락과 화평과 오래 참음과 자비와 양선과 충성과 온유와 절제니
이 같은 것을 금지할 법이 없느니라 그리스도 예수의 사람들은
육체와 함께 그 정욕과 탐심을 십자가에 못 박았느니라 만일
우리가 성령으로 살면 또한 성령으로 행할지니 헛된 영광을
구하여 서로 노엽게 하거나 서로 투기하지 말지니라.

눈썰미가 있는 독자라면 여기서 "성령의 열매"에 해당하는 미
덕보다 "육체의 일"에 해당하는 악덕이 더 많다는 점을 눈치챘을
지도 모르겠다. 여기서 바울은 성령의 아홉 가지 열매를 나열한 반
면, 육체의 일은 열다섯 가지나 나열하고도 모자라 "또 그와 같은
것들"이라고 덧붙이면서 더 많은 육체의 일이 있음을 시사한다.

성령의 열매	육체의 일
사랑	음행
희락	더러운 것
화평	호색
오래 참음	우상숭배
자비	주술
양선	원수 맺는 것

충성
온유
절제

분쟁
시기
분냄
당 짓는 것
분열함
이단
투기
술 취함
방탕함
그와 같은 것들

신학에 관한 지금까지의 논의에서 이 두 범주성령의 열매와 육체의 일가 똑같이 중요하지는 않다. 성령의 열매를 구성하는 모든 미덕은 교리에 관한 논의에서 중요하다. 하지만 육체의 일을 구성하는 악덕은 우리의 논의와 다 관련이 있지는 않다. 하지만 이 중 많은 악들이 서로 관련이 있다. 예를 들어, 신학을 잘못 하면 더러운 것, 우상숭배, 원수 맺는 것, 분쟁, 시기, 분냄, 당 짓는 것, 분열함, 이단, 투기로 이어진다는 것은 상상하기 어렵지 않다.

이 책에 숨겨진 자기진단적 질문은 의외로 간단하다. 당신이 신학에 관해 생각하는 방식, 당신이 신학을 하는 방식, 당신이 신학에 관해 말하는 방식이 대개 사랑, 희락, 화평, 오래 참음, 자비, 양선, 충성, 온유, 절제로 이어지는가? 아니면 당신이 신학에 관해 생각하는 방식, 당신이 신학을 하는 방식, 당신이 신학에 관해 말하는 방식이 대개 더러운 것, 우상숭배, 원수 맺는 것, 분쟁, 시기, 분냄, 당 짓는 것, 분열함, 이단, 투기로 이어지는가? 이 진단하는 질문들의 중요성에 초점을 잘 맞추기 위해서는 다음 네 가지 사항을 유념해야 한다.

첫째, 19-26절의 맥락을 계속해서 염두에 두라. 바울은 갈라디아서 5장이라는 더 큰 배경에서 미덕과 악덕 목록을 논한다. 그리고 갈라디아서 5장은 갈라디아서 전체라는 맥락 안에서 이루어진다. 5장의 서두가 기억나는가? 우리가 자유를 얻은 것은 자유롭기 위해서다. 성령의 열매와 육체의 일 중 무엇에 생각을 집중하느냐에 따라 결과가 크게 다르다. 성령의 열매로 이어지는 사고 활동을 할 때 비로소 우리는 지적 자유를 누린다. 성경은 우리에게 "모든 생각을 사로잡"으라고 명령한다.고후 10:5 우리의 신학적 논쟁에서 성령의 열매가 나타나고 있는지를 살펴보면, 우리가 이 명령에 순종하여 모든 생각을 사로잡고 있는지 생각이 우리를 사로잡고 있는지를 가늠할 수 있다. 성령의 열매에 모든 생각을 집중하는 그리스도인은 종의 멍에가 아니라 자유 가운데 살게 된다.

둘째, 여기서 바울이 제시하는 목록 하나하나가 복수가 아닌 단수로 진술되고 있다는 점을 눈여겨보라. 보다시피 성령의 '열매들'이 아니라 성령의 '열매'다. 즉 희락과 화평은 길러야 하는 것이고 절제는 포기해도 되는 것이 아니다. 양선으로 이어지되 온유로는 이어지지 않는 기독교 신학은 불완전한 것이다. 성령의 열매 중 일부에만 생각을 집중하는 것으로는 충분하지 않다. 우리는 성령의 열매 전체를 추구해야 한다. 이 모든 미덕을 합치면 '기독교의 지혜'라는 좋은 표본을 얻을 수 있다.

셋째, 이것들이 '성령'의 열매라는 점을 놓치지 말아야 한다. 성령의 열매를 맺는 사고법을 기르는 일은 영적인 작업이다. 우리가 사고하는 가운데, 사고를 통해 열매를 맺기 위해 노력하는 내내 우리에게는 반드시 성령이 있어야 한다. 성령의 도우심 없이 갈라디아서 5장에 소개된 열매를 맺으려고 애써 봐야 헛고생이다. 이 책을 읽는 내내 성령의 인도하심을 구하기를 간절히 바란다. '성령의 열매로 이어지는' 사고법과 그러한 신학을 얻을 은혜를 구하라. 희락, 화평, 자비 등을 달라고 하나님께 기도하라. 이런 것은 다 성령의 열매이니 우리의 신학 여정에 성령을 모시는 것이 당연하다. 성령께 우리를 성화시켜 달라고 요청해야 한다.

마지막으로, 갈라디아서 5장을 다시 보도록 하자. 앞에서 길게 인용한 구절16-26절 직전에 바울은 각 길이 다다르는 목적지를 기술한다. 그는 육체의 일을 추구하는 자들에게 "서로 물고 먹으면 피차 멸망할까 조심하라"라고 경고한다.15절 안타깝게도 우리는 신학계에서 바로 이런 결과를 목격하고 있다. 신학자들은 서로에게 분노를 쏟아 내고 있다. 그들은 같은 신자들과 건강한 관계를 맺고 지상대명령을 추구하는 대신, 아군에게 포격을 가하며 승자 없는 전쟁을 벌인다.

우리의 신학이 그리스도 안에서의 형제자매를 망하게 하는 결과로 이어져서는 안 된다. 바울은, 성령의 열매로 사는 사람들은 결과적으로 이웃 사랑하기를 자기 자신같이 하고^{갈 5:14} 서로 짐을 져 줌으로써 그리스도의 법을 성취한다고 밝힌다.^{갈 6:2}

이 둘의 극명한 차이를 정리해 보면 이렇다. 육체의 일로 행한 신학은 분쟁, 분냄, 당 짓는 것, 분열함이 특징이다. 이런 식으로 하는 신학은 서로를 망치는 결과를 낳는다. 반면, 사랑, 자비, 온유, 희락이라는 성령의 열매로 이어지는 신학은 서로의 짐을 져 주고 이웃을 자신처럼 사랑하는 것이 특징이다. 이러한 결과의 극명한 차이는 '신학'이 얼마나 중요한지를 확실히 보여 준다. 신학을 잘못 하면 처참하고 슬픈 결과가 따르지만, 신학을 제대로 하면 성령의 열매를 구성하는 미덕들이 우리 영 깊이 자리를 잡아 지혜와 안정성을 갖춘 그리스도인들이 될 것이다.

물론 여기서 바울은 그리스도인들의 단순한 사고 생활 이상의 것을 염두에 두고 말하는 것이지만, 그럼에도 불구하고 '신학적 사고하기'는 분명 그리스도인의 삶의 필수적인 영역이다. 이 영역에서 우리는 이웃을 나 자신처럼 사랑하기로 추구할 수 있기 때문이다. 신학이 무기라면 사랑이라는 무기가 되게 하자. 이 무기를 들고서 형제를 망하게 하지 말고 사랑으로 서로의 짐을 대신 져 주자.

탐험을 떠나기 전 마지막 당부

실제로 우리 시대의 많은 신학자들이 분노하고 있다. 물론 신실하게 신학을 하는 이들도 많지만, 육체의 일에 따라 신학을 하는 자들도 적지 않다.

어떤 이들에게 신학적 사고하기는 '분냄'으로 가는 고속도로와 같다. 지나친 확신에 사로잡힌 신학자들이 '감히' 자신과 다른 의견을 내놓는 이들을 무시하고 깔보고 있다.

어떤 이들에게 신학적 사고하기는 색다른 무언가를 위해 사소한 부분들은 고려할 가치가 없다고 묵살하며 '우상숭배'의 전초기지를 짓는 길이다.

어떤 이들에게 신학적 사고하기는 '당을 지어' 이기적인 야망을 추구하고 박수갈채를 얻기 위한 길이다.

어떤 이들에게 신학적 사고하기는 친구 수가 점점 줄어드는 결과로 이어진다. 이런 신학자들은 다른 신학자들이 진리를 버렸다고 비난한다. 그 결과는 '분열'과 '이단'이다.

부디 우리는 이와 다른 길로 가게 되기를 바란다. 분노와 분열의 한복판에서 우리는 안정성과 지혜와 친절을 소중히 여기는 묵상가요 사색가이기를 바란다. 비난하는 글이 높은 조회 수를 올리며 인기 있을지라도 선과 아름다움과 진리에 더 관심을 쏟으라. 우리가 공부하는 신학의 목표가 관심과 박수갈채가 아닌 하나님의 영광과 다른 사람들의 유익이 되기를 바란다. 우리의 머리가 분노에 휩싸여 그저 전쟁 전략으로서 신학을 추구하는 것이 아니라, 보다 온전해져 기쁨이 흘러넘치는 샘으로서 신학을 추구하게 되기를 바란다.

이제부터 '하나님 그리고 그분과 관계된 모든 것에 대한 연구'로서의 신학을 탐구할 것이다. 또 그 과정에서 자주 방향을 틀어 다양한 신학적 현실을 살펴볼 것이다. 다만, 신학 자체를 위한 신학을 하지는 않을 것이다. 어디까지나 성령의 열매를 풍성하게 맺는다는 목표 아래서 기독교 교리의 요점, 성경 구절, 신학적 지혜를 탐구할 것이다. 이 여정을 함께하는 동안 모두가 '열매 맺는 신학'을 경험하게 되기를 바란다. 우리의 깊은 사고 활동이 영적 삶으로 이어지기를 기도한다.

2

깊은 신학의 샘에서 길어 올린
순전한 사랑으로

성경은 사랑love으로 가득한 책이다. 창세기 첫 구절부터 마지막 요한계시록의 영광에 이르기까지 이 우주적 드라마에서 사랑은 핵심 역할을 하고 있다. 사랑 안에서 하나님은 무無에서 세상을 창조하셨고, 사랑 안에서 하나님은 그분의 영광을 위해 무너진 세상을 다시 회복시키실 것이다. 사랑 안에서 하나님은 죄인들을 의롭게 하시며, 사랑 안에서 성도들을 성화시키신다. 성경의 처음부터 끝까지 사랑의 실로 직조되어 있다.

하나님의 단순성

사랑에 관한 신학 역시 모든 신학이 시작해야 하는 지점에서 시작해야 한다. 즉 '하나님'에게서 시작해야 한다. 우리는 요한일서 4장 16절에서 정말 중요한 말씀을 읽을 수 있다. "하나님은 사랑이시라." 짧은 문장이지만 그 안에 담긴 경이는 결코 작지 않다.

이 구절은 "하나님은 사랑을 '갖고' 계신다"라고 말하지 않고, "하나님은 사랑이시라"라고 말한다. 어떻게 보면 사소해 보이는 부분이지만 우리가 예배하는 하나님을 이해하는 데 정말 중요한 부분이다. 신학자들은 하나님의 존재하나님은 누구신가에 관해 이야기할 때 오랫동안 한 가지 핵심 단어를 사용해 왔다. 바로, '단순성simplicity'이다.

아이러니하게도 '하나님의 단순성'이라는 개념은 단순한 개념이 아니다. 오늘날 우리는 '단순한'이라는 단어를 들으면 '쉬운' 뭔가를 떠올린다. 하지만 하나님의 단순성은 전혀 쉽지 않다.

가장 기본적인 의미에서 '하나님의 단순성'은 그분이 우리처럼 부분들로 이루어져 있지 않다는 사실을 지칭한다. 예를 들어, 나는 두 팔, 하나의 코, 셀 수 없는 머리카락, 박동하는 하나의 심장, 몇 천 개의 다른 신체 기관들이 모여 이루어져 있다. 이 모든 부분이 하나로 합쳐져서 내 몸을 구성한다. 하지만 이 가운데 어느 하나가 나를 완전히 정의해 주지는 못한다. 따라서 나한테 이런 일이 벌어지길 원하지는 않지만, 설령 내가 내 몸의 일부를 잃는다해도 여전히 나는 나다. 아홉 개의 손가락을 가진 나일지라도 여전히 나는 나다.

하지만 하나님은 그렇지 않으시다. 하나님은 그분 자신의 일부를 잃고도 여전히 하나님이실 수 없다. 하나님은 사랑을 '갖고' 계시지 않는다. 하나님은 사랑 자체시다. 사랑은 하나님의 '일부'가 아니다. 사랑은 하나님에게서 떼어 내거나 다른 것으로 대체할 수 있는 한 '부분'이 아니다. 사랑은 하나님 존재 자체에 필수불가결한 속성이다.

사랑만이 아니라 하나님의 모든 속성이 그렇다. 하나님은 거룩함을 '갖고' 계신 것이 아니라 거룩함 자체시다. 하나님은 지식을 '갖고' 계신 것이 아니라 전지함 자체시다. 이것이 옛 신학자들이 "하나님 안에 있는 모든 것은 하나님이고, 하나님 안에 없는 것은 하나님이 아니다"라고 말한 이유다. 따라서 하나님의 단순성은 그분의 본체가 부분들로 이루어져 있지 않고 단순하고 통합되어 있다는 뜻이다.

이것이 왜 그토록 중요한가? 왜 성령의 열매인 사랑을 탐구하는 장을 하나님의 단순성으로 시작하는가? 바로 이 점이 사랑의 신학을 이해하고 우리의 사고 활동과 성령의 열매 사이의 관계를 이해하는 데 매우 중요하기 때문이다. 우리가 하나님의 임재 가운데 들어가는 것은 곧 사랑으로 들어가는 것과 같다. 따라서 신학을 제대로 하면 하나님 앞으로 나아가게 되고, 눈을 들어 그분을 바라보게 되고, 그분께로 생각을 향하게 되므로 결국 그것은 우리를 변화시키는 사랑으로 들어가는 것이다.

이 요점은 몇 번이고 반복할 만하다. 이것이 성령의 열매를 맺는 사고법의 기반을 다져 주기 때문이다. 이 요지를 논리적인 순서대로 풀어 보면 다음과 같다.

1. 하나님은 사랑이시다. 하나님은 단순히 사랑을 '갖고' 계신 것이 아니라 사랑 자체시다.
2. 신학은 하나님 그리고 그분과 관계된 모든 것을 연구하는 것이므로, 신학을 제대로 하면 언제나 하나님께로 관심을 향하고 그분의 임재 가운데 들어가게 되어 있다.

3. 따라서 신학을 제대로 하면 사랑으로 들어가게 된다.
하나님은 사랑이시기 때문이다.

'하나님의 단순성' 교리는 단순히 추상적인 신학 개념이 아니다. 이 교리는 우리의 사고 활동을 성령의 열매로 연결시키는 데 매우 중요하다. 만약 우리가 하는 신학적 활동이 증오로 가득해 보인다면? 우리가 하는 신학적 활동이 늘 분열을 일으키고, 형제자매의 나쁜 점만 보고, 같은 하나님의 형상으로 지음받은 이들을 무시하고, 교만으로 우쭐해지고, 분노하는 결과를 낳는다면? 그렇다면 우리는 '기독교' 신학을 하고 있지 않을 가능성이 매우 높다.

인간은 어울리는 무리에게서 영향을 받는다. 인간은 함께 시간을 보내는 이들과 똑같이 말하고 행동하는 경향이 있다. 신학은 사랑이신 하나님과 많은 시간을 보내는 통로가 되어야 한다. 이 사랑의 하나님과 시간을 보내면서 사랑 많은 하나님의 제자로 변해야 한다.

지금까지 하나님의 단순성이라는 신학적 개념의 중요한 기초를 쌓고, 그 개념이 우리의 사고와 열매 사이를 어떻게 연결시키는지 살펴보았다. 이제 사랑이라는 성경적 개념이 무엇이며, 지금 우리의 신학이 어떻게 우리를 사랑 많은 사람으로 변화시키는지 더 자세히 탐구해 보자.

"그중의 제일은 사랑"

"사랑은 범위가 무한한 은혜다."[1] 영국의 뛰어난 설교자 찰스 해돈 스펄전Charles Haddon Spurgeon은 1884년 메트로폴리탄태버내클 Metropolitan Tabernacle의 설교단에서 이 위대한 진리를 선포했다. 사랑에 시선을 고정한 채 성경의 처음부터 끝까지 다 읽어 보면 스펄전과 동일한 결론을 내릴 수밖에 없다. 사랑 자체는 물론이고 사랑이 어떤 삶을 요구하는지 논하는 성경 구절 개수도 그야말로 '무한해' 보인다. 따라서 이 한 장은커녕 이 책 한 권으로도 사랑에 관한 모든 성경 구절을 다루는 것은 불가능에 가깝다. 여기서는 신학이 어떻게 사랑의 삶으로 이어질 수 있는지를 논하기 전에 먼저 사랑에 관한 성경적 관점을 얻기 위해 그 아름다운 말씀들 중에서 몇 구절만 살펴보겠다.

성경 전체에 걸쳐 사랑이 하는 중요한 역할에 대해 '최고'라는 말보다 더 어울리는 표현을 아직까지 보지 못했다. '최고'라는 표현은 어디서든 흔하게 사용되곤 한다. 고등학교 졸업을 앞둔 3학년 학생 중에서 최고의 미소를 지닌 학생이나 최고로 귀여운 커플 혹은 성공할 가능성이 최고로 높은 학생을 투표로 뽑기도 한다. 뭐든 '최고'라는 것은 다른 무엇보다 눈에 띄게 뛰어나다는 뜻이다.

사랑은 성경 도처에서 항상 최고의 자리를 차지한다. 마태복음 22장 36-40절을 예로 들어 보자. 바리새인들이 예수님께 다가가 질문하는 성경 속 장면이 등장한다. 구약 율법 전문가인 한 바리새인이 예수님을 시험하려 든다. 그는 예수님이 하나님의 율법을 잘 이해하고 있는지 시험하기 위한 질문을 던진다. "선생님, 율법 중에서 어느 계명이 큽니까?" 이는 최고가 무엇인지를 묻는 질문이다. 이 바리새인은 어떤 율법이 중요한지가 아니라 어떤 율법이 최고로 중요한지를 묻고 있다. "어느 계명이 가장 큽니까?"

어떤 율법학자에게 의견을 묻는지에 따라 그 수가 달라지겠지만, 대부분의 구약 율법 전문가들은 구약에 600개 이상 되는 율법이 있다고 본다. 이 바리새인은 예수님께 그중 최고의 위치를 차지할 한 가지 율법을 선택하라고 요구한다.

그러자 예수님은 이 바리새인에게 가장 큰 계명만이 아니라 두 번째로 큰 계명까지도 알려 주신다. "네 마음을 다하고 목숨을 다하고 뜻을 다하여 주 너의 하나님을 사랑하라 하셨으니 이것이 크고 첫째 되는 계명이요." 계속해서 예수님은 이렇게 말씀하신다. "둘째도 그와 같으니 네 이웃을 네 자신같이 사랑하라." 예수님은 그만큼 사랑이 더없이 중요함을 확신을 담아 말씀하신다. 첫 번째로 큰 계명과 두 번째로 큰 계명 모두 그리스도인의 사랑에 관한 계명이다. 하나님 사랑이 첫 번째고, 이웃 사랑이 두 번째다.

예수님은 최고의 위치만으로는 기독교 윤리에서 차지하는 사랑의 중요성을 표현하기에 부족하다고 생각하셨는지, 놀랄 만한 주장으로 답변을 마무리하신다. "이 두 계명이 온 율법과 선지자의 강령이니라."

바울도 성령의 열매에 관해 논하기 직전에 동일한 주장을 펼친다. "온 율법은 네 이웃 사랑하기를 네 자신같이 하라 하신 한 말씀에서 이루어졌나니."갈 5:14 유명한 구절이지만 이 안에 담긴 경이를 놓치기 쉽다. 잠시 구약 이야기 전체를 생각해 보라. 이스라엘 백성이 겪은 우여곡절, 몇 세기에 걸친 애굽 종살이, 광야에서의 방황, 십계명을 받은 일, 왕을 세운 일, 정복, 약속의 땅에 들어간 일, 선지자들, 제사장들, 언약을 어긴 일들.

이 역사의 한 순간, 누군가가 나타나 하나님과 그 백성들 사이에 이뤄진 복잡한 언약을 '하나님 사랑'과 '이웃 사랑'으로 한번에 정리할 수 있다고 주장한다고 상상해 보라.

기독교 윤리의 핵심은 사랑이다. 성화聖化에 관한 전체적인 비전에서 다른 미덕들도 중요하지만 사랑은 가장 중요한 절대적 가치다.

'사랑 장'으로 불릴 만큼 몇몇 구절은 결혼식에서도 흔히 낭송되곤 하는 고린도전서 13장에서 바울은 사랑이 최고로 중요하다고 선포한다. 그는 그리스도인들이 참여할 수 있는 네 가지 덕목 혹은 행동을 기술하고 나서 사랑이 빠지면 이 모두가 무의미하다고 선언한다. 그의 말을 정리하자면 다음과 같다.

1. 천사처럼 아름답고 우아한 말을 해도 사랑이 없으면 그저

울리는 꽹과리에 지나지 않는다.

2. 성경과 신학을 아우르는 모든 지혜와 통찰을 지녀도 사랑이 없으면 아무것도 아니다.

3. 산을 옮길 만큼 대단한 믿음이 있어도 사랑이 없으면 무가치하다.

4. 자신의 것을 다 내줄 만큼 희생하는 마음을 지녔어도 사랑이 없으면 아무런 유익이 없다.

이어서 바울은 사랑의 속성을 기술한다. 여기서 우리는 사랑에 대한 기독교의 이해가 얼마나 놀라운지를 보게 된다. 바울은 사랑이 오래 참고, 사랑은 온유하며, 시기하지 아니하며, 사랑은 자랑하지 아니하며, 교만하지 아니하며, 무례히 행하지 아니하며, 자기의 유익을 구하지 아니하며, 성내지 아니하며, 악한 것을 생각하지 아니하며, 불의를 기뻐하지 아니하며, 진리와 함께 기뻐하고, 모든 것을 참으며, 모든 것을 믿으며, 모든 것을 바라며, 모든 것을 견디며 영원히 이어진다고 말한다.

이 모든 것을 내포하는 사랑, 실로 놀라운 비전이 아닐 수 없다!

그러면 여기서 신학의 자리는 어디인가? 이런 종류의 사랑을 노력이나 감정만으로 이끌어 내려고 하면 실망할 수밖에 없다. 친구, 심지어 가족에게도 이런 종류의 사랑을 베풀기는 쉽지 않다. 하지만 신학이 우리를 도울 수 있다. 신학은 감정이나 세상적

인 관계보다 더 강한 뭔가에서 사랑을 이끌어 내게 해 준다. 감정
은 변덕스럽고 관계는 언제 깨질지 모르게 약하지만, 신학은 사랑
으로 행하기 위한 확실한 근거를 마련해 준다.

위대한 대속의 사랑 -

이제 그리스도인의 삶에서 사랑의 중요성을 확인했으니 하나
님에 대한 묵상이 어떻게 사랑의 길로 이어지는지를 생각해 보
자. 이미 우리는 신학을 하는 것과 우리 존재가 사랑의 사람으로
변하는 것 사이에서 첫 번째 중요한 연관성^{하나님의 단순성}을 확인했
다. 하나님은 사랑이시고, 신학은 우리를 하나님의 임재 가운데
로 이끈다. 신학은 우리 눈을 들어 최고의 사랑이신 분을 바라보
게 한다. 그러는 동안 기독교 신학은 우리 안에 남은 악한 미움의
흔적조차 지워 버린다.

그런데 올바른 신학을 하는 삶이 하나님의 백성을 사랑의 존
재로 성화시키는 방식은 이것만이 아니다. 사실, 우리가 묵상할
때 우리 안에 사랑을 일으키는 신학적 사실이 매우 많다. 여기서
는 그중 '대속^{atonement}'의 교리를 살펴보자.

성경을 읽고 해석할 때 특히 반복되는 표현에 관심을 기울여
야 한다. 예를 들어, 요한복음 15장 12-17절을 보라.

내 계명은 곧 내가 너희를 사랑한 것같이 너희도 서로 사랑하라

하는 이것이니라 사람이 친구를 위하여 자기 목숨을 버리면 이보다 더 큰 사랑이 없나니 너희는 내가 명하는 대로 행하면 곧 나의 친구라 이제부터는 너희를 종이라 하지 아니하리니 종은 주인이 하는 것을 알지 못함이라 너희를 친구라 하였노니 내가 내 아버지께 들은 것을 다 너희에게 알게 하였음이라 너희가 나를 택한 것이 아니요 내가 너희를 택하여 세웠나니 이는 너희로 가서 열매를 맺게 하고 또 너희 열매가 항상 있게 하여 내 이름으로 아버지께 무엇을 구하든지 다 받게 하려 함이라 내가 이것을 너희에게 명함은 너희로 서로 사랑하게 하려 함이라.

예수님은 어느 한 대목을 바로 다섯 구절 뒤에서 거의 그대로 반복하신다. 이것이 강조하기 위함이라는 사실을 놓치지 말아야 한다.

요한복음 15장 12절에서 예수님은 이렇게 말씀하신다. "내 계명은 …… 너희도 서로 사랑하라." 그리고 불과 다섯 구절 뒤인 17절에서도 반복해서 말씀하신다. "내가 이것을 너희에게 명함은 너희로 서로 사랑하게 하려 함이라." 이 명령은 그리스도인의 삶의 핵심 윤리다. 실제로 예수님은 성경 다른 부분에서도 우리가 서로를 사랑하면 세상이, 또 우리가 그분께 속한 줄로 알 것이라고 말씀하신다. 요 13:34-35 우리가 형제자매를 사랑하는 것이 바로 하나님 나라의 시민이라는 증거다.

이 구절에서 또 다른 중요한 측면도 고려해야 한다. 예수님은 "서로 사랑하라"라는 명령만 주시는 것이 아니라 그렇게 하기 위한 본보기와 동기도 부여하신다. 우리는 서로를 사랑해야 할 뿐 아니라 '예수님이 우리를 사랑하신 것같이' 서로를 사랑해야 한다. 그렇다면 예수님이 우리를 어떻게 사랑하셨는가? 이 중요한 질문에 대한 답이 이어지는 구절에 나타나며, 이 답은 참된 사랑을 위한 본보기요 동기가 된다. 바로 예수님이 우리를 위해 대신 목숨을 내놓으셨다는 것이다. 요 15:13

이 나사렛 출신 목수의 죽음이 세상을 한순간에 바꿔 놓았다. 단, 세상만 바꾸신 것이 아니라 '내' 세상도 바꿔 놓았다. 예수님의 죽음을 통해 나는 진정한 사랑에 관한 아름다우면서도 고통스러운 한 표본을 얻게 되었다. 나를 위해 그분이 흘리신 피를 보면 내삶이 근본적으로 달라질 수밖에 없다. 예수님의 죽음은 그저 한 중동인의 죽음이 아니기 때문이다. 그분의 죽음은 모든 것을 바꿔 놓았다. 그분의 죽음은 우주 전체에 영향을 미친 죽음이었다. 그 죽음을 통해 모든 세대에 걸쳐 구원의 소망을 얻게 된다.

"이해를 구하는 믿음"의 작업

예수 그리스도의 죽음은 이미 경이감을 자아내지만, 신학은 우리 사랑의 불길에 더욱 부채질을 한다. 중세의 위대한 신학자 캔터베리의 안셀무스^Anselmus^는 신학을 "이해를 구하는 믿음"의 작업이라고 불렀다.² 이 표현의 순서가 중요하다. 이 순서를 뒤집어서는 안 된다. 신학은 믿음을 구하는 이해가 아니라, 이해를 구하는 믿음의 작업이다.

우리는 의심이 아닌 믿음의 태도를 바탕으로 신학적 작업을 해야 한다. 우리는 지식이 아닌 믿음으로 예수님을 붙들어야 한다. 지식은 영혼을 구해 주지 않았지만 믿음은 수많은 사람을 하나님 나라로 인도했다. 성령께 믿음의 선물을 받은 뒤에는 우리가 믿는 것에 대한 더 깊은 이해를 추구해도 좋다. 믿음은 신학의 영역으로 들어가기 위한 선행 조건이다.

이해를 구하는 믿음은 예수님의 죽음에 관한 논의에서 중요하다. 대속의 교리를 탐구하고 그것이 어떻게 우리를 사랑으로 이끄는지를 탐구할 때, 세부적인 내용을 다 파악하지 못한다 해도 우리는 대속을 받아들일 수 있다. 하지만 일단 우리 인생을 변화시키는 '예수님의 죽음'에 관한 복음을 단순하게 믿고 나면, 그 뒤에는 지적으로 더 깊이 파헤칠 수 있게 된다. 그럴 때 새로운 경이를 계속해서 발견하게 된다.

이 경우, 신학은 불분명한 것을 분명하게 해 준다. 예수님의 죽음에 관한 세부 내용을 더 자세히 알게 되면서 성금요일이 신자들의 삶에 얼마나 중요한지를 더 확실하게 보게 된다. 대속은 그리스도인의 사랑의 본보기요 동기이며, 신학은 대속을 분명하게 이해하게 해 준다. 결국 신학은 우리가 사랑의 본보기요 동기를 받아들이게 도와주는 것이다. 그리하여 우리는 사랑의 사람으로 점점 더 변해 간다.

성경은 다른 사람을 위해 자신의 목숨을 내놓는 것이 가장 큰 사랑의 행위라고 말한다. "사람이 친구를 위하여 자기 목숨을 버리면 이보다 더 큰 사랑이 없나니."요 15:13 물론 사랑하는 사람을 위해 목숨을 내놓는 사람들에 관한 영웅적인 이야기들이 더러 있지만, 예수님은 여기서 한 걸음 더 나아가신다. 그리고 이 한 걸음은 매우 중요한 의미가 있다. 예수님은 단순히 친구들만이 아니라 원수들을 위해 기꺼이 목숨을 내놓으신다. 로마서 5장은 이렇게 말한다. "우리가 아직 죄인 되었을 때에 그리스도께서 우리를 위하여 죽으심으로 하나님께서 우리에 대한 자기의 사랑을 확증하셨느니라."8절 그런가 하면 에베소서 2장은 이렇게 말한다. "긍휼이 풍성하신 하나님이 우리를 사랑하신 그 큰 사랑을 인하여 허물로 죽은 우리를 그리스도와 함께 살리셨고."4-5절

하나님 백성들이 펼치는 드라마 속에서 이 순간예수님이 원수인 사람들을 위해 목숨을 내놓으신 일은 신학적 경이의 보고다. 그리스도의 죽음의 심오한 아름다움을 파헤치는 것은 우리의 남은 평생을 다 투자해도 시간이 모자라는 일이다. 대속은 '모든 것을 가지셔서 아무것도 필요하지 않으신' 하나님이 '아무것도 가지지 못해 모든 것을

필요로 하는' 사람들을 위해 목숨을 내주신 사건에 관한 교리다.

신학이 모든 세부적인 비밀을 다 풀 수는 없지만 우리의 믿음이 이해를 찾도록 도와줄 수는 있다. 신학을 통해 대속의 은혜에 놀라고 그리스도의 십자가 은혜를 더 깊이 알아 감으로써, 우리의 영이 사랑으로 나아갈 수 있다.

"그리스도가 우리를 위해 죽으셨다"라는 간단한 문장을 묵상해 보라. 이 문장은 그 안에 담긴 진리로 이미 아름답다. 하지만 신학을 동원해서 더 깊은 이해로 나아가면 이 문장이 훨씬 더 놀랍게 다가온다.

그리스도. 그리스도가 우리를 위해 죽으셨다고 말할 때 주된 주제는 '그리스도'시다. 신학은 누가 만물의 중심에 계신지를 늘 기억하게 도와준다. 이 그리스도는 만왕의 왕이시다. 만물이 그분에게서, 그분으로 말미암아, 그분을 위해 창조되었다. 골 1:16; 히 2:10 그리스도는 온 우주의 지고하고 영원하신 창조주시다. 그분 앞에 모든 피조물이 무릎을 꿇고 입술로 고백한다. 사 45:23; 롬 14:11; 빌 2:10-11 그리스도는 거룩하신 분이다. 그분은 하나님의 본체시나 하나님과 동등됨을 취할 것으로 여기지 아니하시고 오히려 자기를 비워 종의 형체를 가지사 사람들과 같이 되셨다. 빌 2:6-7 스펄전의 말처럼 그분은 무한하시지만 아기가 되셨다.[3] 그리스도는 온전한 삶을 사셨고, 순종함으로 성장해 심지어는 죽기까지 순종하셨다. 나사렛 출신의 이 남자는 그릇된 말을 하신 적이 없고, 그릇된 생각을 하신 적이 없으며, 그릇된 행동을 하신 적이 없었다. 그분은 영원토록 신실하고 참되시다.

옛 선진들의 신조들과 신앙고백들을 보면 그리스도는 영원히 나시고, 성부의 독생자이시며, 빛에서 나온 빛이요, 참된 하나님에게서 나온 참된 하나님이시다.[4] 그분은 구유에 누이신 동시에 능력의 말씀으로 세상을 붙드신 분이요, 로마가 집행한 십자가 처형에 살이 찢기는 동시에 자신의 손에 못을 박는 자들의 생명까지도 지탱하셨던 분이다. 그분은 죽음으로 죽음을 정복하시고, 승리 가운데 성부의 우편에 오르신 분이다. 마지막으로, 그분은 언젠가 충신과 진실로서 산 자와 죽은 자를 심판하시고, 피로 사신 신부를 영원히 얻어 그 신부와 함께 영원히 다스리기 위해 오실 분이다.

죽으셨다. 이런 그리스도가 우리를 위해 '죽으셨다'는 말은 기이하면서도 놀라움을 안겨 준다. 예수 그리스도는 삼위일체의 두 번째 위라는 점에서 신비롭다. 그리스도는 하나님의 속성을 충분히 갖고 계셔서 하나님으로 여겨지는 것이 아니다. 예수님은 성부 하나님의 본체시다. 예수님이 곧 하나님이시다. 따라서 하나님의 본체가 죽는 것은 불가능하다. 하지만 그리스도는 우리가 살지 못한 삶을 살기 위해 인간의 육신을 입으셨다. 그분은 인간의 본성을 지니셨기에 반역자로서 처참하게 죽는 것이 가능했다.

참으로 신비하면서도 믿기 힘든 사건이다. 의로우신 예수 그리스도가 죽으신 덕분에 당신과 내가 영생의 소망을 가질 수 있다. 그분이 흘리신 피로 인해 우리는 생명의 근원을 찾을 수 있다. 그분이 우리의 죗값을 치르기 위해 죽으시고 지금 우리의 대제사장으로 살아 계시기에 우리는 기도로 성부 하나님께 담대히 나아가 우리의 죄와 필요를 고백할 수 있다.

그리스도는 생각과 행동과 말 모든 면에서 온전하셨기에 하늘의 상을 받아 마땅하셨다. 그럼에도 그분은 우리가 당해 마땅한 죽임을 대신 당하셨다. 그분의 삶은 우리가 살아야 하는 삶이었고, 그분의 죽음은 우리가 겪어야 했던 죽음이었다. 기독교의 복음은 예수님이 우리 죄를 짊어지시고 우리가 그분의 의를 입는 위대한 교환을 말해 준다. 예수님이 골고다에서 죽으신 날은 놀랍다 못해 신비롭다.

우리를 위해. 그리스도가 '우리를 위해' 죽으셨다고 말하는 것은 이 영광스러운 대속의 행위에 자격 없는 수혜자가 있다고 선포하는 것이다. 로마서 6장 23절은 죄의 삯이 사망이라고 말한다. 우리 모두는 죄인이다. 하지만 그리스도가 우리를 대신해서 고통스러운 죽임을 당하셨다.

'우리가 아직 죄인이었을 때' 그리스도가 우리를 위해 죽으셨다는 사실을 기억하라. 이는 자기 힘으로는 그리스도의 친구가 될 수 없는 이들에게 실로 놀라운 소식이다! 그리스도의 죽음이 우리가 하나님의 원수였을 때 이루어졌다는 사실은 그리스도가

죄의 문제가 해결된 미래의 우리를 위해 죽으신 것이 아니라는 뜻
이다. 그리스도는 그분이 원하시는 대로 변한 우리를 위해 죽으신
것이 아니다. 그리스도는 있는 모습 그대로의 우리를 위해 죽으셨
다. 인정하고 싶지 않을 만큼 자주 죄를 짓는 우리, 죄의 습관에 빠
져 있는 우리, 툭하면 자기혐오나 정욕이나 교만이나 두려움 따위
에 빠져드는 우리. 그리스도는 바로 그런 '우리를 위해' 죽으셨다.

"그리스도가 우리를 위해 죽으셨다"라는 단순하면서도 심오
한 문장에서 확인할 수 있듯이 신학은 아름다움을 찾아 가는 여정
에서 우리의 안내자가 될 수 있다. 대속을 인생을 변화시키는 사
건으로 받아들이기 위해 꼭 신학이 필요하지는 않지만, 신학은 이
해를 구하는 믿음의 여정으로 우리를 데려가는 운송 수단이 될 수
있다. 신학은 머리로 묵상하는 것을 통해 마음이 변화되도록 이
끌어 준다.

자, 이제 성령의 첫 번째 열매인 사랑으로 돌아가 보자. 가장
큰 사랑이 다른 사람을 위해 자신의 목숨을 내놓는 것이라면 그리
스도인으로서 당신과 내가 아는 역사상 가장 큰 사랑은 신부를 향
한 그리스도의 사랑이다. 가장 큰 계명이 온 힘과 뜻을 다해 하나
님을 사랑하고 이웃을 우리 자신처럼 사랑하는 것이라면, 신학은
다른 사람들을 사랑하기 위한 본보기이자 동기우리를 위한 그리스도의
죽음를 연구함으로써 이 지상대계명에 순종하도록 도와준다.

예수님의 죽음에서 발견되는 우리 죄를 위한 대속은 사랑의

동기를 부여하는 신학적 실재 중 하나일 뿐이다. 우리를 하나님 사랑과 이웃 사랑으로 이끄는 다른 여러 신학적 개념을 더 연구할 수는 있겠지만, 이 책에서는 대표로 대속을 살피는 것으로 마무리하겠다.

그렇다면 신학을 통해 증폭된 사랑은 우리의 실생활에서 실제로 어떻게 나타날까?

신학을 통해 증폭된 세 방향의 사랑

하나님은 사랑이시다. 그리스도는 우리가 아직 그분의 원수였을 때 우리를 위해 목숨을 버리심으로 하나님의 사랑을 증명해 보이셨다. 신학은 우리의 믿음이 이해로 발전하도록 도와준다. 대속의 교리 안에서 생명을 내주는 사랑을 자세히 연구할수록 우리는 사랑의 사람으로 점점 변해 간다.

이제부터 신학을 통해 증폭된 사랑이 실제로 어떤 모습인지를 살펴보자. 성경의 증언과 기독교의 지혜가 만나 세 방향의 사랑을 가리킨다. 하나님 사랑, 이웃 사랑, 건강한 자기 사랑.

하나님 사랑 -
요한일서 4장 19절은 하나님을 향한 우리의 사랑과 우리를 향한 하나님의 사랑이 분명한 패턴을 지닌다는 점을 말해 준다. "우리가 사랑함은 그가 먼저 우리를 사랑하셨음이라." 성경은 세상의 기초가 놓이기도 전에 하나님이 먼저 우리를 사랑하셨다고 가르친다. 롬 9:11; 엡 1:4-6 우리를 향한 하나님의 끊이지 않는 사랑은 우리로 하여금 하나님을 더욱 사랑할 수 있도록 해 준다.

하나님이 우리를 향한 사랑을 어떻게 보여 주셨는지를 생각하면 하나님을 사랑할 힘과 동기를 얻는다. 하나님을 사랑하는 것은 그리스도인들의 지고한 기쁨이요 책임이다. 모든 계명 가운데 가장 큰 계명을 따라 우리는 하나님을 사랑해야 한다. 우리의 완악한 영들을 대속해 주신 하나님을 향한 사랑이 점점 더 자라 가야 한다.

이웃 사랑 -

C. S. 루이스Lewis는《네 가지 사랑The Four Loves》이라는 책에서 다른 사람을 사랑하는 데 따르는 위험을 묘사한다.

조금이라도 사랑하려면 위험에 노출될 수밖에 없다. 뭐든 사랑하고자 하면 우리 마음이 괴롭고 심지어 찢어질 만큼 아플 수 있다. 마음이 조금이라도 다치지 않기를 바란다면 아무에게도, 심지어 짐승에게도 그 어떤 사랑도 주지 말라. 그저 취미와 작은 사치들로 고이 싸서 간직하라. 절대 어떤 일에도 얽혀 들지 않도록 하라. 마음을 이기주의의 관 속에 안전하게 보관하게 자물쇠로 잠그라. 하지만 안전하고 어둡고 그 어떠한 움직임도 공기도 없는 그 관 안에서 마음은 변할 것이다. 그 마음은 깨지지 않을 것이다. 그 마음은 깰 수도 뚫을 수도 구속할 수도 없는 것으로 변질될 것이다. 사랑하는 것은 허다한 위험에 노출되는 것이다.[5]

루이스의 말이 옳다. 이웃을 사랑하는 행위는 위험에 노출되는 일이다. 이웃을 사랑하다 보면 불편이 따를 수밖에 없다. 이웃의 유익을 위해 자신을 기꺼이 희생해야 한다. 실제 사람을 사랑하지 않고 그저 '인류'라는 개념만을 사랑하기가 너무도 쉽다. 하지만 "서로"를 외치는 신약의 합창서로 사랑하라, 서로 돌보라, 서로를 위해 애곡하라, 서로의 짐을 져 주라 등은 이웃의 복잡한 삶 속으로 실제로 걸어 들어갈 것을 요구한다.

이웃의 기쁨과 슬픔 속으로 들어가는 일은 피곤하지만 그만한 가치가 있다. 이 일에서 신학이 우리를 도울 수 있다. 하나님이 완악한 죄인인 우리를 어떻게 사랑하셨는지를 생각하면 당장이라도 밖으로 뛰쳐 나가 이웃을 사랑할 마음이 솟아난다. 우리를 향한 하나님의 사랑이 얼마나 큰지로 생각과 마음의 눈을 돌리면 그 사랑이 우리를 움직이기 시작한다. 하나님의 사랑은 신자들을 움직여 고아를 입양하고, 굶주린 사람을 먹이고, 아픈 사람을 돌보고, 하나님의 잃어버린 양을 되찾고, 자비를 베풀고, 이웃을 우리 자신보다 더 중요하게 여기도록 만든다.

자기 사랑 -

나는 자기 비판과 자기 혐오에 자주 빠지는 스타일이다. 나는 비판적인 자기 분석에 자주 빠지는 강한 내적 성향과 싸우기 위해 수없이 기도하며 심리 상담도 자주 받았다. 하지만 그 성향은 여전히 내 안에 똬리를 튼 채 한자리를 차지하고 있다. 육체와의 이 싸움을 벌이는 사람은 나만이 아니다. 목사로서 나는 건강한 자존감과 자기 사랑이 없는 신자들을 수없이 보았다.

물론 이 세상에서는 자기애가 지나쳐 이기주의나 자기 중심주의로 전락한 모습도 흔하게 볼 수 있다. 내가 말하려는 것은 이런 교만이 아니다. 자신을 향한 건강한 사랑은 꼭 필요하며, 신학은 이런 형태의 영적 성숙을 추구하는 데 훌륭한 도구가 될 수 있다.

하나님은 온 우주 만물을 창조하시고 "좋다"라고 말씀하셨다. 하지만 사람을 창조하시고는 "심히 좋다"라고 말씀하셨다. 창 1:31 우리 인간은 하나님의 형상을 따라 지음받았다. 하나님의 은혜로 우리 안에는 타고난 '좋은' 뭔가가 있다. 물론 우리가 보고 경험하는 모든 것을 죄가 들어와 변질시켰다. 죄는 우리에게서 많은 것을 앗아 갔다. 하지만 창조주의 형상대로 지음받은 자라는 우리의 지위까지 죄가 앗아 갈 수는 없다. 나아가, "이웃을 내 몸처럼 사랑하라"라는 명령은 우리 스스로 건강한 자기 사랑을 갖고 있다는 사실을 전제로 한다. 우리가 누구인지를 제대로 알기 위해 신학이 필요하다. 우리는 죄와 부패로 얼룩져 있는 '동시에' 하나님께 소중히 여김과 구속을 받은 존재다. '죄인으로서의 삶'과 '성도로서의 삶' 사이에 존재하는 긴장 속에서 우리는 신학을 통해 자신을 향한 사랑을 키워야 한다.

모든 일에 사랑을 더해

사랑이 갈라디아서 5장에 나오는 성령의 열매를 구성하는 미덕 중 으뜸인 것은 우연이 아니다. 사랑은 지상대계명과 지상대명령 모두를 아우르는 핵심 가치다. 사랑이라는 한 단어에서 우리는 율법의 완성을 본다. 신학이 '모든' 성령의 열매로 이어질 수 있다는 점을 보여 주는 것이 이 책의 목적이므로 사랑을 가장 먼저 그리고 가장 길게 다루는 것이 옳다.

골로새서 3장에서 바울은 긍휼, 자비, 겸손, 온유, 오래 참음을 "옷 입고"라고 말한다. 하지만 바로 한 문장 뒤에서 그는 "이 모든 것 위에 사랑을 더하라"라고 말한다.14절 신학은 우리의 사고를 확장한다. 그 신학이 사랑을 향한 우리 마음에도 불을 지피기를 바란다. 진리를 사랑하는 그리스도인으로서 우리의 지적 사고 활

동은 우리가 하는 모든 일에 '사랑을 더해' 영적 삶으로 이어져야
한다.

JOY

3

깊은 신학의 샘에서 길어 올린

순전한 희락으로

이 땅에서 살아가는 우리의 궁극적 목적은 무엇인가? 우리는 왜 여기에 있는가?

인생의 목적에 관한 이 질문은 오랜 시간 동안 남녀를 불문하고 회자되었다. 더없이 중요한 이 질문에 대한 가장 유명한 답이자 내가 신뢰하는 답은 1640년대에 이미 나왔다. 《웨스트민스터 소요리문답*Westminster Shorter Catechism*》은 이 질문을 가장 먼저 다루었다. 주로 아이들, 새신자, 성인 제자 훈련 용도로 사용되는 질문과 답변 목록으로 이뤄진 이 소요리문답은 이 질문으로 시작한다.

"사람의 제일 되는 목적은 무엇인가?"

이 질문에 대한 답은 지난 4세기 동안 무수한 영혼들의 기억 속에 각인되었다.

"사람의 제일 되는 목적은 하나님을 영화롭게 하고 그분을 영원토록 즐거워하는 것이다."

하나님을 영화롭게 하고 하나님을 즐거워하는 것이 우리가 지음받은 목적이다. 하나님이 주신 우리의 모든 날은 이 두 가지 중요한 추구로 가득해야 한다. 당신이 이 책을 들고 있는 이 순간에도 하나님을 영원히 즐거워하려고 노력해야 한다.

존 파이퍼*John Piper*는 이 유명한 답변에서 단어 하나를 바꾸었는데 매우 적절했다. 그는 "하고"를 "함으로써"로 바꿔 사람의 제일 되는 목적뿐 아니라, 그 목적을 이루기 위한 최고의 수단을 알려준다. 사람의 제일 되는 목적은 하나님을 영원토록 즐거워함으로

써 그분을 영화롭게 하는 것이다.[1]

우리가 세상 모든 사람 가운데서 하나님을 영화롭게 하는 최고의 방식 중 하나는 가장 큰 즐거움의 근원 되시는 그분을 즐거워하는 것이다. 시편 기자는 이렇게 선포한다. "주께서 생명의 길을 내게 보이시리니 주의 앞에는 충만한 기쁨이 있고 주의 오른쪽에는 영원한 즐거움이 있나이다."시 16:11

이 시편 외에도 성경의 많은 부분에서 우리가 하나님의 임재 안에서 즐거움을 누려야 한다는 사실을 확인할 수 있다. 신학이 하나님 그리고 그분과 관계된 모든 것에 대한 연구라면 기쁨이 하나님의 임재 안에서 발견된다는 것은 좋은 소식이다. 신학을 하면 하나님의 임재 안으로 들어가게 되는데, 그곳은 "충만한 기쁨"이 가득한 곳이기 때문이다.

"충만한 기쁨" 가운데로 들어가는 법을 찾는 것은 그리스도인의 삶에서 중요한 훈련 중 하나다. "마음의 즐거움은 양약이라도 심령의 근심은 뼈를 마르게 하느니라."잠 17:22 그리스도인의 삶은 기쁨으로 가득해야 한다. 우리는 매일 아침 일어나면서 기쁨을 느껴야 한다. 오늘은 "여호와께서 정하신 것"이기 때문이다. 그래서 "이 날에 우리가 즐거워하고 기뻐하"는 것이다. 시 118:24 실제로, 주님 안에서 "나의 마음이 기쁘고 나의 영도 즐거워"한다. 시 16:9 심지어 우리가 하는 회개도 기쁨으로 돌아가기 위한 회개다. 다윗처럼 악에서 의로 돌아설 때 우리는 하나님께 "주의 구원의 즐거

움을 내게 회복시켜" 달라고 간청해야 한다. 시 51:12

그리스도인들은 희락^{joy}(기쁨)에 익숙해져야 한다. 앞에서 언급한 성경 구절과 이번 장에서 계속 소개할 구절로도 그리스도인의 삶에서의 기쁨의 중요성을 실감하지 못하겠다면, 우리가 기뻐하라는 '명령'까지 받았다는 사실을 기억해 보라. "주 안에서 항상 기뻐하라 내가 다시 말하노니 기뻐하라."빌 4:4 그리스도인의 삶에서 기쁨은 타협 가능한 것이 아니다. 기쁨은 우리 삶의 리듬, 우리의 성격, 말, 행동, 아니 우리 존재 자체에 스며들어야 한다. 우리는 기쁨의 사람이 되어야 한다.

온전한 기쁨에 걸맞은 뿌리

기쁨은 그리스도인의 삶에서 매우 중요하기 때문에 기쁨을 단순히 "슬픔의 부재"나 "웃음의 존재"와 동일시하지 않도록 주의해야 한다.² 사실, 신학은 우리를 슬픔에서 건져 내지 못한다. 신학에는 그럴 힘이 없다. 하지만 반가운 소식은 기독교의 기쁨이 단순한 슬픔의 부재보다 더 좋은 것이라는 사실이다. 기쁨은 슬픔의 부재보다 한참 더 깊은 것이다.

기쁨이 온전한 기쁨이 되려면 어딘가에 뿌리를 내려야 한다. 이 점에서 신학이 도움이 될 수 있다. 신학은 기쁨이 쉽게 흔들리지 않도록 뿌리를 내릴 단단한 토양을 찾도록 해 준다.

C. S. 루이스는 우리가 보통 '신앙 서적'에서 찾는 즐거움을 자신은 '신학 서적'에서 찾는다고 말했다.

> 나는 두 종류의 책 사이에서 큰 차이를 인정하지 못하겠다. 내 경우, 신앙 서적보다 교리 서적이 신앙에 더 유용한 경우가 많기 때문이다. 아마 나와 같은 경험을 할 사람이 많을 것 같다. 신앙 서적 앞에 앉거나 무릎을 꿇을 때 '아무런 일도 일어나지 않는' 사람들 중에 …… 연필을 손에 쥔 채 신학의 까다로운 부분을 풀어낼 때 뜻밖에도 마음의 노래가 들리는 사람이 많을 거라고 생각한다.[3]

여기서 루이스가 말하는 요지가 중요하다. 그는 신학에서 기쁨을 찾을 수 있다고 말하기 때문이다. 심지어 집중해서 풀어내야 하는 "신학의 까다로운 부분"에서도 기쁨을 찾을 수 있다.

신학에서 기쁨을 찾는 이들은 기쁨이 뿌리를 필요로 한다는 중요한 교훈을 배운 이들이다. 하지만 우리가 살아가는 이 세상에는 기쁨을 방해하는 걸림돌이 수없이 많다. 해변에 부서지는 파도처럼 슬픔의 파도가 잇따라 우리를 칠 수 있다. 그럴 때면 분노, 슬픔, 분개, 원망 같은 것들에서 승리를 거두는 것이 불가능한 일처럼 느껴진다. 기쁨이 뿌리를 얕게 내리면 쉽게 뽑히고 만다.

기쁨을 향해 세찬 바람이 불어 대기 때문에 일시적이고 흔들리는 것에서는 기쁨을 찾기 어렵다. 따라서 기쁨의 뿌리를 깊이 내릴 방법을 찾는 것이 현명하다. 어떤 세찬 바람이 불어와도 버틸 수 있게 단단히 뿌리를 내려야 한다. 신학이 기쁨을 위한 유일한 충분 조건은 아니지만, 풍성한 기쁨의 뿌리를 내리기 위한 필요 조건인 것만은 사실이다.

신학이 참기쁨으로 이어지는 길

기쁨이 뿌리를 깊이 내리고자 한다면 신학은 농부가 기쁨을 깊이 심기 위해 사용할 수 있는 도구에 해당한다. 신학은 평생에 걸쳐서 하는 일이기 때문에 하나님에 관한 생각이 하나님에 대한 즐거움으로 이어질 수 있는 숱한 길을 찾을 수 있다.

개인적으로 나는 다음 네 가지 방법을 통해 하나님을 생각하는 신학적 사고 활동이 하나님을 더욱 즐거워하는 결과로 이어지는 경험을 했다. (1) 선하고 아름답고 참된 것을 마주한다. (2) '내가 받아 마땅한 것'과 '그리스도 안에서 실제로 받은 것'을 비교한다. (3) 혼란스러운 것이 명료해지는 경험을 한다. (4) 기독교 신학을 통해 하나님을 깊이 의존하게 된다.

선과 아름다움과 진리를 마주하다 -

신학자, 철학자, 인도주의자들은 오래전부터 '초월적 요소들 transcendentals'로 알려지게 된 것들에 관해 이야기해 왔다. 이 개념의 기원, 심지어 '초월적 요소들'이 얼마나 많은지에 관해서도 의견이 분분하지만 개념 자체는 지극히 심플하다. 이는 인간으로서 우리가 선과 아름다움과 진리를 갈망한다는 것이다.

선하고 아름답고 참된 대상 앞에서 우리는 예배하거나 행동한다. 누군가 혹은 뭔가를 잘못 대하는 모습을 볼 때 우리는 정의에 대한 깊은 갈망과 심적 고통을 경험한다. 이러한 정의에 대한 갈망은 선을 향한 갈망에서 비롯한다.

애리조나 주의 그랜드캐니언이나 아이슬란드의 피야드라글리우퓌르캐니언 같은 숨 막히는 자연 경관을 보면 이루 말할 수 없는 경이감을 느낀다. 예술 작품을 감상하거나 《카라마조프의 형제들The Brothers Karamazov》이나 《제인 에어Jane Eyre》 같은 문학사에 길이 남을 소설을 읽어도 마찬가지다. 웅장한 협곡이나 위대한 소설은 아름다움에 대한 인간의 깊은 갈망을 보여 주는 수많은 사례 중 극히 일부일 뿐이다.

마지막으로, 우리 인간은 절대적 진리를 갈망한다. 우리가 거짓말에 당하면 분노하는 데는 다 이유가 있다. 진리에 대한 갈망은 인간 존재에 깊이 뿌리박혀 있다. 우리는 진리를 얻기 위해서라면 지나치게 보일 만큼 노력한다. 간단히 말해, 인간으로서 우리는 선과 아름다움과 진리를 갈망한다.

여기서 하나님의 단순성 교리를 다시 기억할 필요가 있다. 하나님은 단순히 선과 아름다움과 진리를 '갖고' 계신 것이 아니기 때문이다. 하나님은 선과 아름다움과 진리 자체시다. 따라서 신학을 연구하는 것은 궁극적인 선과 아름다움과 진리를 마주하는 것이다. 신학을 통해 하나님을 선과 아름다움과 진리로서 경험하면 우리 자신보다 더 큰 뭔가를 향한 우리의 가장 깊은 갈망이 조금씩 채워진다.

그래서 신학의 정의를 늘 되새기는 것이 중요하다. 신학은 하나님 그리고 그분과 관계된 모든 것을 연구하는 학문이기 때문에 신학의 목표는 곧 하나님을 아는 것이다. 물론 신학 자체가 아니라, '하나님' 안에서 우리는 선하고 아름답고 참된 것을 얻는다. 하지만 신학은 하나님 그리고 그분과 관계된 모든 것을 묵상하도록 이끌기에 그리스도인에게 더없이 귀한 도구다. 선과 아름다움과 진리를 많이 경험하면 경험할수록 우리는 더 큰 기쁨을 얻는다.

'내가 받아 마땅한 것'과 '그리스도 안에서 실제로 받은 것'을 비교하다 -

신학은 선과 아름다움과 진리로 우리를 이끌 뿐 아니라, 신학의 특정한 요소들은 그 자체로 선하고 아름답고 참되다. 복음의 드라마를 보라. 복음이 펼쳐지는 드라마에서 우리는 하나님이 주신 법을 따르지 못하는 불순종한 이스라엘 백성에 관한 이야기를 듣는다. 이 하나님은 이스라엘 백성이 그분의 법을 따르면 그들의 하나님이 되시고 그들은 그분의 백성이 될 것이라고 약속하셨다. 하지만 그 법에 불순종하면 죽음과 멸망으로 이어지게 되었다. 계속해서 펼쳐지는 이야기를 보면 양측에서 한쪽만 이 계약을 이행할 능력이 있다. 이스라엘 백성은 율법에 순종할 수 없었지만 하나님은 계속해서 그들의 하나님으로 남아 주셨다. 사실, 그분은 이 반항적인 백성을 지극히 사랑해 삼위일체 하나님의 두 번째 위이신 자신의 아들을 세상에 보내 그들이 살아야 할 순종의 삶을 살게 하셨다. 예수님은 이 완벽한 삶에 대한 상을 주장하시는 대신, 그 상을 하나님께 반항하는 백성들에게 주셨다. 그들뿐 아니라 온 세상 모든 사람에게 주셨다. 예수님의 완벽한 맞교환을 통해 예수님은 하나님 말씀에 대한 불순종과 악행으로 인해 그들이 받아 마땅한 형벌을 대신 받으셨다.

예수님이 우리의 악을 받고 대신 그분의 의를 주신 이 "위대한 교환"에서 우리는 엄청난 비교를 마주한다. 즉 우리가 죄로 인해 받아 '마땅한' 것과 그리스도 안에서 '실제로' 받은 것을 비교해 보면 영원한 기쁨을 맛보게 된다. 죄로 인해 우리는 하나님이 불순종에 대해 약속하신 죽음과 멸망을 받아 마땅한 존재다. 하지만 그리스도 안에서 우리는 모든 영적 복을 받는다. 우리는 예수 그리스도를 통해 자녀로 입양되었다. 그래서 이제 우리는 외면당하지 않을 것을 알고 "아빠 아버지"라 부르며 아버지께 달려갈 수 있는 것이다. 엡 1:3; 롬 8:15 하나님의 아들이 대신 갖은 경멸을 받으신 덕분에 경멸당해 마땅한 자들이 하나님의 아들이 되었다.

복음을 신학의 렌즈로 들여다보면 '그리스도가 우리 죄에 대한 형벌을 대신 받으신 덕분에 그리스도의 상을 우리가 받는다는 이야기' 안에 우리의 기쁨이 뿌리를 내릴 수 있다. 이 소식에 평생 기쁨의 불을 태울 만한 연료가 흘러넘친다.

혼란이 명료함으로 변하는 경험을 하다 -

신학이 기쁨으로 이어지는 네 가지 길에서 이것이 가장 간단할 것이다. 신학은 하나님이 누구시며, 세상에서 어떤 일을 행하고 계신지 더 제대로 보기 위한 도구다. 이 도구는 혼란을 벗어나 명료하게 볼 수 있도록 도와준다.

신학은 우리 주변에서 벌어지는 일과 이 이야기에서 우리의 위치를 파악하기 위해 사용할 수 있는 여러 도구 중 하나다. 신학은 세상을 이해하고 이 시대와 지난 역사 속 하나님을 볼 수 있게 해 준다.

나아가 신학은 성경을 이해하기 위한 핵심 도구다. 자신의 신학을 성경에 적용하지 말고, 백지 상태로 성경 앞에 서야 한다는 말을 들어 본 적이 있을 것이다. 좋은 의도로 하는 말이긴 하지만 이것은 잘못된 말이다. 우리는 자신의 신학을 들고 성경을 펼쳐야 한다. 성경에 담긴 모든 영광을 이해하기 위해 신학을 사용해야 한다. 신학이 없으면 성경은 서로 연결되지 않는 내용들의 집합이요 단순한 도덕 책으로 남을 위험이 있다. 기독교 신학을 통해 성경을 통일된 하나의 이야기로 볼 수 있다. 신학을 통해 모든 내용이 삼위일체 하나님의 영광을 가리킨다는 점을 발견할 수 있다.

신학은 혼란을 벗어나 명료함으로 가는 데 큰 도움이 된다. 자욱한 안개가 걷히고 우리 하나님과 그분의 영광스러운 역사를 엿보면 깊고도 오래가는 기쁨이 찾아온다.

하나님을 깊이 의존하게 되다 -

대학교 1학년 시절, 나는 풀리지 않는 한 가지 신학적 수수께끼를 접했다. 그 질문이 내 뇌리에 박혀 계속해서 떠나질 않았다. 일상적인 일을 하는 내내 그 생각만 했다. 자나 깨나 그 문제가 내 머릿속 한구석에 자리하고 있었다. 내가 그 문제에 집착한 것은 문제가 어려웠기 때문이 아니라 내가 신학이라는 것을 처음 접했기 때문인 것 같다. 신학적 문제가 내 호기심을 사로잡기는 그때가 처음이었다.

이후 몇 주간 나는 열심히 진리를 찾아다녔다. 숱한 성경 구절을 읽고 또 읽고, 수없이 설교를 듣고, 나보다 지혜로운 이들에게 묻고, 온라인상의 논쟁을 보고, 고서에서 최신 서적까지 죄다 찾아 읽었다. 이 신학적 탐구 기간에 한 또 다른 행동은 기도였다. 나는 하나님께 진리를 밝혀 주시고 지혜를 달라고 간청했다.

마침내 신학적 혼란이 물러가고 명료함이 찾아왔다. 그 지적 문제를 조금 더 선명하게 이해하기 시작했다. 더 이상 내 머릿속에서 벌어지는 신학적 논쟁은 사라졌지만 그 씨름을 통해 얻은 한 가지 '느낌'은 사라지지 않았다. 그것은 내가 철저히 하나님께 의존한다는 느낌이었다.

신학적 혼란으로 자신의 신앙을 의심하는 그리스도인도 많지만 항상 그런 것은 아니다. 사실, 신학적 혼란은 우리를 하나님의 발치로 이끌 수 있고 또 이끌어야 한다. 그곳에서 우리는 올바른 신학적 결정을 내리기 위해 필요한 지혜를 간절히 구해야 한다. 대학교 1학년 시절의 지적 위기는 나로 하여금 지식적으로 하나님을 더 의존하게 만들었다. 그 시간이 얼마나 감사한지 모른다. 그해에, 그리고 이후로 내가 계속해서 깨닫는 사실은 신학을 하기 위해 하나님을 의존할 때 찾아오는 기쁨이 있다는 것이다.

우리가 신학을 통해 추구하는 대상이 하나님이라면 우리가 의존해야 할 분도 하나님이다. 이 하나님을 의존할 때 더 큰 기쁨으로 이어진다.

흔들리지 않는 안정된 영혼 -

진리에 기쁨의 뿌리를 내리면 인생이 변한다는 말은 결코 과장이 아니다. 하나님의 정체성과 역사에 뿌리를 내린 기쁨은 인생 거의 모든 영역에서 드러난다. 남다른 안정감과 지혜를 보이는 그리스도인을 본 적이 있을 것이다. 세상은 혼란에 빠져서 허둥지둥할 때 요지부동 흔들리지 않는 그리스도인, 문화라는 바람의 변덕에 따라 휘청거리지 않는 그리스도인을 본 적이 있을 것이다. 우리의 기분, 뉴스 헤드라인, 지지하는 정당, 은행 계좌 같은 것보다 더 영원한 뭔가에 기쁨의 뿌리를 내리면 이렇게 안정되고 지혜로운 그리스도인이 될 수 있다.

그리스도인의 지혜와 안정성에서 한 가지 핵심적인 요소는 확고하신 하나님께 우리의 기쁨의 기반을 두는 것이다. 하나님은 불변하시다. 하나님의 계획과 성품은 변하지 않는다. 하나님께는 변화의 가능성조차 없다. 따라서 그분께 기쁨의 뿌리를 내리면 우리도 그와 같이 흔들리지 않는다.[4]

나와 의견이 다른 사람들을 대하는 모습 -

이번 장의 목표는 신학이 기쁨의 깊은 샘이라는 사실을 보여주는 것이다. 하나님을 진정으로 마주하고 세상 속에서 그분의 영광스러운 역사를 보면 분노와 슬픔은 눈 녹듯이 녹아내리며, 대신 기쁨이 솟아난다. 하지만 많은 그리스도인이 신학을 이런 식으로 경험하지 못한다. 많은 그리스도인이 신학을 들고 분노하거나 불화를 일으킨다. 진리에서 은혜가 빠지면서 신학을 세계관 전쟁과 교회 논쟁의 무기로만 사용한다. 하지만 신학을 주로 전쟁 전술로 보는 사람들과 기쁨의 샘으로 보는 사람들 사이에는 커다란 차이가 있다.

신학을 한낱 전쟁 전술로 삼으려는 집단을 좋게 봐 주려고 노력하자면, 그들도 우리만큼 진리를 소중히 여긴다고 말할 수 있다. 그들도 그리스도 안에서의 형제자매가 거짓을 버리고 진리를 부여잡기를 간절히 원한다고 말할 수 있다. 하지만 사실, 나는 무기로서의 신학보다 기쁨으로서의 신학이 상대방을 설득하는 데 더 효과적이라고 본다.

신학을 무기나 전쟁 전술로 보면 우리와 의견이 다른 사람들을 '무너뜨려야 할 지적 라이벌'로 여기게 된다. 이것이 극단적인 형태로 치달으면 사람들을 '신학적 적'으로 여겨 그들을 공개적으로 비난하고 조롱하게 된다. 신학을 주로 전쟁 전술로 보면 상대방을 깔보고 욕하고 조롱하고 지나치게 단순화하게 된다. 신학적 입장에서 반대편에 있는 사람들이나 신학적 논쟁을 구경하는 이들이 어찌되든 상관없이 논쟁에서 이기는 것만을 최우선시하게 된다.

반면, 신학을 기쁨으로 보면 우리와 의견이 다른 사람들을 하나님에 관해 묵상하는 여행의 순례자들로 보고, 혹시 그들이 거짓으로 향하고 있다면 진리 안에 기쁨이 있다고 경고해 줄 수 있다. 그들이 지금 기쁨을 버리고 있으며, 거짓에 참여하는 것보다 진리 안에서 살면 흔들리지 않는 깊은 기쁨을 얻을 수 있다고 말해 줄 수 있다. 또한 전쟁 도구가 아닌 기쁨의 도구로서 신학에 참여하는 이들은 다른 사람들이 자신의 의견에 반대해도 크게 위협감을 느끼지 않는다. 그들은 상대방에게 연민을 느끼고 그가 진리에서 오는 기쁨을 누리기를 바랄 수 있다. 우리는 진리로 다른 사람들을 공격하지 말고 진리 안에서 그들을 세워 줘야 한다.

희락의 샘으로의 초대

톰 브래디Tom Brady는 슈퍼볼에서 세 번째 우승한 뒤에 〈60분[60] Minutes〉이라는 프로그램에서 경기에 임하는 자세에 관해 장시간 인터뷰를 했다. 역사상 가장 뛰어나다는 미식축구 선수가 성공을 어떻게 생각하며, 아직 이루어야 할 것이 무엇인지를 솔직하게 밝힌 인터뷰였다. 인터뷰 중 브래디는 크게 성공했지만 여전히 만족하지 못한다고 했다. 그의 말은 널리 인용되고 있다.

미식축구를 하면서 생각보다 훨씬 많은 돈을 벌었습니다. ……
왜 저는 슈퍼볼 우승 반지를 세 개나 끼고서도 더 큰 뭔가가
있다고 생각하는 걸까요? …… 많은 사람이 제게 꿈과 목표를
이루었다고 말할 겁니다. 하지만 저는 아직도 뭔가 더 있어야
한다고 생각합니다.[5]

C. S. 루이스는 《순전한 기독교*Mere Christianity*》에서 브래디가 인
터뷰에서 언급한 바로 그 느낌을 다룬다. 그것은 우리 대부분에
게 너무도 익숙한 느낌이다. 바로 갈망이다. 루이스는 "뭔가가
더 있어야 합니다"라는 말에 담긴 그 느낌과 관련해 다음과 같이
썼다.

"내 안에 이 세상의 어떤 경험으로도 채울 수 없는 갈망이 있
다면 가장 그럴듯한 설명은 내가 다른 세상을 위해 지음받았다는
것이다. 이 땅의 어떤 쾌락도 그 갈망을 채워 주지 못한다면 그것
은 우주가 사기라는 증거가 아니다. 이 땅에서의 쾌락은 그 갈망
을 채워 줄 수 없고 그 갈망을 오히려 더 증폭시켜 진짜를 가리키
기 위해 마련된 것일지도 모른다."[6]

우리가 다 프로 미식축구 경기에서 우승을 하거나 세계적 베
스트셀러 책을 쓰지는 못하겠지만 내가 매일 느끼는 '이생이 전부
일 리는 없다'는 이 느낌에는 아마 다들 공감할 것이다. 이 불만족
의 느낌이 정말 이생이 전부가 아니라는 점을 알려 주기 위한 것

이라는 루이스의 말은 절대적으로 옳다. 불만족은 우리의 기쁨에 찬물을 끼얹을 수 있지만, 그 불만족을 통해 이생에서 눈을 떼고 위를 올려다볼 때 말로 표현하기 힘든 만족감이 찾아온다.

불만족의 느낌을 통해 우리의 마음이 갈망하는 것은 바로 우주 안에 거하시는 삼위일체 하나님이다. 우리의 영이 마셔야 할 마르지 않는 샘이 있다. 그 샘에는 이 세상의 물이 담겨 있지 않다. 신학이 우리의 가장 깊은 갈망을 채워 주기에는 역부족이다. 신학을 통해 채우려는 것은 신학을 학대하는 것이다. 신학이 줄 수 없는 것을 내놓으라고 억지를 부리는 것이니까 말이다. 하지만 신학을 통해 눈을 들어 만유의 주를 바라본다면, 신학이 우리를 창조주께로 이끈다면, 그 신학은 우리가 수시로 찾아가야 하는 기쁨의 샘이 된다.

한 가지 도전 과제를 던지면서 이번 장을 마무리하고자 한다. 샘으로 가라. 기독교 신학이라는 깊은 샘으로 가라. 기독교 신학이라는 기쁨의 깊은 샘으로 가서 자신보다 더 위에 있는 뭔가로 사고를 채우라. 신학의 샘은 깊고, 그 안에 깊은 기쁨이 있다. 가서 삼위일체의 신학, 피조 세계의 거대한 움직임, 예수님의 삶과 죽음에 관한 가르침, 구속이라는 경이로운 사건, 교회의 아름다움, 마지막 날의 영광, 그 외에 더 많은 것들이라는 물을 마시라.

신학은 기쁨의 깊은 샘이다. 이 샘으로 흘러들어 가는 하나님의 진리라는 시원한 물은 다양한 빛깔의 아름다움을 지녔다. 당신 영의 채워지지 않은 갈망을 채우려면 신학의 샘으로 가서 그 물을 마시라. 기독교 신학 자체가 이 깊은 갈망을 채워 줄 수는 없지만 이 신학은 그러실 수 있는 분, 곧 우리의 위대한 하나님께로 가는 길을 안내한다.

PEACE

4

깊은 신학의 샘에서 길어 올린
순전한 화평으로

오늘날 한 질병이 기승을 부리고 있다. 이 병은 전염성이 몹시 강해서 우리 문화 구석구석까지 깊숙이 파고들었다. 바로 분열과 불화의 병이다. 우리는 분열의 병에 전염되었다. 심지어 교회에도 침투했다.

같은 하나님의 형상을 지닌 우리의 이웃과 가족들이 서로 네 편 내 편 갈라서고 있다. 이 시대의 문화적 순간에 '우리 VS 저들'로 나누는 태도가 강력한 힘으로 사람들을 잡아끌고 있다. 각 가정에서, 또 각자의 호주머니 속 스크린에서 숱한 문제가 하나같이 우리와 의견이 다른 자들 탓이라는 메시지가 끊임없이 흘러나온다. 거대한 SNS 업체들은 우리를 분노 상태로 유지하기 위해 막대한 돈을 쏟아붓고 있다. 분노는 관심을 낳고 관심은 돈을 낳기 때문이다. 인터넷에 접속하기만 하면 이웃을 경멸하고 싶은 마음이 마구 솟아난다.

더 이상 교회도 점점 퍼져 가는 이 분열의 병으로부터 안전한 곳이 아니다. 뉴스 피드와 소셜 피드는 선거나 신학 논쟁에서 지면 교회가 무너진다는 식의 메시지를 조직적으로 내보내고 있다. 죽이지 않으면 죽는다는 생각이 사회를 지배하고 있다 보니 우리는 사고의 전쟁에서 우위를 점하기 위해 그 어떤 전술도 정당화한다. 한때 깊은 연합을 누렸던 교단들, 교회들, 교인들은 점점 분열되고 있다. 함께 팔짱을 끼고 행진하던 이들이 이제는 멀찍이 떨어져서 걷는다.

우리는 사랑해야 할 사람들을 점점 더 의심의 눈으로 바라보고 있다. 우리 문화는 서로에게 전에 없이 높은 담을 쌓고 있다. 사랑 안에서 서로의 말에 귀를 기울이는 모습은 다 어디로 갔는가? 분열이 가열되면서 상대방에게 세세한 관심을 기울이는 모습은 더는 찾아보기 힘들다. 분별력 있는 논리와 지혜를 추구하기가 점점 더 어려워지는 세상에 살고 있다.

지금 우리는 바울이 갈라디아서 5장 15절에서 경고한 현상이 펼쳐지는 것을 목격하고 있다. "만일 서로 물고 먹으면 피차 멸망할까 조심하라." 우리는 서로를 물고 뜯을 뿐 아니라 그것을 자랑까지 하고 있다. 우리가 좋아하는 정치인이나 문화 평론가가 적들을 깔아뭉개는 영상들이 높은 조회 수를 기록하고 있다. 분열을 조장하는 과장과 허위와 비열한 의심이 널리 알려진 신학자들 입에 둥지를 틀었다. 기독교의 지혜로 우리 문화의 리듬과 대화 속에 선과 아름다움과 진리를 불어넣어야 할 신학자들이 '감히 나한테 반대하는 자들은 무조건 공격한다'라는 세속적인 전술에 따라 추종자들을 끌어모으고 있다.

바울의 명령은 서로 잡아먹고 분열을 조장하는 이 문화적 아비규환을 뚫고 우리에게 더 나은 모습을 요구하고 있다. "서로 마음을 같이하며 높은 데 마음을 두지 말고 도리어 낮은 데 처하며 스스로 지혜 있는 체하지 말라 아무에게도 악을 악으로 갚지 말고 모든 사람 앞에서 선한 일을 도모하라 할 수 있거든 너희로서는

모든 사람과 더불어 화목하라."롬 12:16-18

"모든 사람과 더불어 화목하라"라는 이 명령은 우리에게서 많은 것을 요구하는 가장 센 명령이다. 사실, 이것은 신학만으로는 수행할 수 없는 명령이다. 이 명령에 따라 성화를 이루어 가려면 수많은 도구가 필요하다. 그럼에도 불구하고 이 가치 있는 일에서 신학은 여지없이 큰 도움이 된다. 신학이 화목하게 사는 데 어떻게 도움이 되는지를 살피기 전에 성경에서 화평peace[평화, 화목, 평강, 평안]이 얼마나 중요한 개념인지를 잠시 짚고 넘어가자.

성경 전체에 울려 퍼지는 화평의 노래

하나님은 "평강의 하나님"이시다. 바울은 데살로니가후서 3장 16절에서 하나님께 그런 호칭을 붙인다. "평강의 주께서 친히 때마다 일마다 너희에게 평강을 주시고." 다른 성경 구절에서는 이렇게 말한다. "평강의 하나님께서 너희 모든 사람과 함께 계실지어다."롬 15:33

하나님과의 화평 -

그분 백성들에 대한 그분의 언약적 행위보다 화평을 향한 하나님의 의지를 잘 보여 주는 것도 없다. 성경의 드라마 속에서 하나님의 백성^{구약의 이스라엘 백성과 신약의 교회}은 그분의 명령에 계속해서 불순종하고 그분과 맺은 언약에서도 수시로 멀어져 방황한다. 하나님은 그분 법에 불순종하면 멸망할 것이라고 경고하셨기 때문에 이스라엘 백성을 일찌감치 포기하고 그들에게 마땅한 멸망의 형벌을 내려도 아무런 문제가 없었다. 하지만 이 이야기는 그런 식으로 펼쳐지지 않는다. 하나님은 그들에게 마땅한 형벌을 내리는 대신, 그들과 다시 화평하기 위해 그 형벌을 직접 당하셨다.

복음은 우리가 하나님께 멸망당해 마땅한 상황에서 그리스도의 삶과 죽음과 부활을 통해 하나님과 화평을 이루게 되었다는 놀라운 소식이다. 하나님과의 화평은 단순히 우리의 불순종을 덮어 주는 것만으로 찾아오지 않았다. 2장에서 보았듯이 하나님은 십자가에서 죽기까지 그분 백성들과의 화평을 끝까지 추구하셨다.

바울은 로마 교인들에게 보낸 편지를 통해 우리에게 이렇게 말한다. "그러므로 우리가 믿음으로 의롭다 하심을 받았으니 우리 주 예수 그리스도로 말미암아 하나님과 화평을 누리자."^{롬 5:1} 예수 그리스도의 정체성과 역사 덕분에 우리는 하나님과의 화평이라는 불가능한 것을 누리게 되었다. 별이 어디에 걸리고 바다가 어디서 끝날지 정하신 삼위일체 하나님은 우리가 죄로 인해 죽도록 놔두실 수도 있었다. 하지만 복음은 우리가 다시 그분과 화평하게 되었다고 말한다.

사람 사이의 화평 -

예수님은 복음을 통해 우리와 하나님을 화평하게 하실 뿐 아니라 우리 사이의 진정한 화평을 이루셨다. 바울은 에베소 교회 교인들에게 보낸 편지에서 유대인과 이방인이라는 두 집단에 관해서 썼다. 역사적으로 이 두 집단 사이에는 깊은 반목이 뿌리를 내리고 있었다. 하지만 복음을 통해 이 두 집단 사이에 있던 "중간에 막힌 담"이 허물어졌다. 예수님을 통해 그 담이 허물어졌고 그들은 화평을 누리게 되었다.

바울은 이렇게 말한다. "그는 우리의 화평이신지라 둘로 하나를 만드사 원수 된 것 곧 중간에 막힌 담을 자기 육체로 허시고 법조문으로 된 계명의 율법을 폐하셨으니 이는 이 둘로 자기 안에서 한 새 사람을 지어 화평하게 하시고."엡 2:14-15

예수님 자신이 이 두 집단 사이에 임하신 화평이시다. 예수님은 그들을 서로 화해시킬 다른 뭔가를 마련하시지 않았다. 예수님 자신이 화해의 매개체시다. 어떻게 그럴 수 있는가? 그리스도의 죽음과 부활 덕분에 우리는 믿음을 통해 그분과 '연합'한다. 그렇게 믿음으로 그분과 연합하면 그분과 연합한 다른 모든 사람과도 연합하게 된다.

우리 사이에 임한 평안은 화평의 복음이 만들어 낸 결과다. 바울은 몇 구절 뒤에서 계속해서 이렇게 말한다. "또 오셔서 먼 데 있는 너희에게 평안을 전하시고 가까운 데 있는 자들에게 평안을 전하셨으니 이는 그로 말미암아 우리 둘이 한 성령 안에서 아버지께 나아감을 얻게 하려 하심이라."엡 2:17-18

삼위일체 하나님은 자격 없는 백성을 두 방향으로 화평하게 하심으로 자격 없는 백성들을 구속해 주신다. 첫째, 수직적인 차원에서 죄인들을 하나님과 화평하게 하신다. 둘째, 수평적인 차원에서 그분 백성들의 관계적 상황을 회복시켜 서로 화목하게 살게 하신다.

하나님이 화평의 하나님이시라는 성경의 증언과 하나님 백성들 사이의 화평에 대한 성경의 명령은 인생을 변화시키는 거대한 차원에만 국한되지 않는다. 사실, 성경은 화평에 관해 '많은' 말을 하고 있다. 화평을 언급하고 명령하는 구절이 너무도 많다. 화평을 말하는 성경 말씀 중 몇 구절만 봐도 화평이 하나님께 얼마나 중요한지를 분명히 확인할 수 있다.

신약성경의 거의 모든 서신서는 해당 지역 신자들에게 평강〔화평〕을 기원하면서 시작된다. 예를 들어, 로마서,1:7 고린도전서,1:3 고린도후서,1:2 갈라디아서,1:3 에베소서,1:2 빌립보서,1:2 골로새서,1:2 데살로니가전서,1:1 데살로니가후서,1:2 디모데전서,1:2 디모데후서,1:2 디도서,1:4 빌레몬서,1:3 베드로전서,1:2 요한이서,1:3 요한삼서,1:15 유다서,1:2 요한계시록1:5은 하나같이 평강을 외친다.[1]

하지만 평강이 나타나는 것은 서신서들 인사말에서만이 아니다. 성경 전체에 걸쳐서 강조하는 모습을 볼 수 있다.

  * **평안**을 너희에게 끼치노니 곧 나의 **평안**을 너희에게 주노라
    내가 너희에게 주는 것은 세상이 주는 것과 같지 아니하니라
    너희는 마음에 근심하지도 말고 두려워하지도 말라. ^{요 14:27}
  * 이것을 너희에게 이르는 것은 너희로 내 안에서 **평안**을 누리게
    하려 함이라 세상에서는 너희가 환난을 당하나 담대하라 내가
    세상을 이기었노라. ^{요 16:33}
  * 그리스도의 **평강**이 너희 마음을 주장하게 하라 너희는 **평강**을
    위하여 한 몸으로 부르심을 받았나니 너희는 또한 감사하는
    자가 되라. ^{골 3:15}
  * 마지막으로 말하노니 형제들아 기뻐하라 온전하게 되며
    위로를 받으며 마음을 같이하며 **평안**할지어다 또 사랑과
    평강의 하나님이 너희와 함께 계시리라. ^{고후 13:11}
  * **화평**하게 하는 자는 복이 있나니 그들이 하나님의 아들이라
    일컬음을 받을 것임이요. ^{마 5:9}

  구약성경도 평강에 관해 많이 언급하는데, 그 구절을 다 나열
하기도 너무나 길다. 그중에서 몇 구절만 소개한다.

  * 내가 **평안히** 눕고 자기도 하리니 나를 안전히 살게 하시는

이는 오직 여호와이시니이다.^{시 4:8}

* 주의 법을 사랑하는 자에게는 큰 **평안**이 있으니 그들에게
  장애물이 없으리이다.^{시 119:165}
* 사람의 행위가 여호와를 기쁘시게 하면 그 사람의 원수라도
  그와 더불어 **화목**하게 하시느니라.^{잠 16:7}
* 여호와는 네게 복을 주시고 너를 지키시기를 원하며 여호와는
  그의 얼굴을 네게 비추사 은혜 베푸시기를 원하며 여호와는 그
  얼굴을 네게로 향하여 드사 **평강** 주시기를 원하노라.^{민 6:24-26}

성경에 기록된 하나님의 자기 계시가 평강을 명령하는 구절로
가득한 것은 전혀 놀라운 일이 아니다. 하나님은 바로 "평강의 하
나님"이시기 때문이다.

성경은 두 가지 방식으로 화평을 강조한다. (1) 구약성경의 특
정한 구절, 즉 명령이나 권면을 통해서. (2) 창세기부터 요한계시
록까지 하나님이 은혜의 복음을 탄생시키시고 그분과 그분의 백
성들, 그리고 우리 사이에 화평을 가져오시는 성경 전체의 드라마
를 통해서.

사고의 평강, 영의 평강

성경은 평강의 중요성을 자주 말할 뿐 아니라 우리의 지적 사고 활동을 평강의 삶과 직접적으로 연결시키고 있다. 이번 장의 목적은 신학을 통해 하나님을 묵상하면 화평으로 이어진다는 점을 보여 주는 것이다. 그렇다면 성경의 다음 세 구절을 놓치지 말아야 한다. 사실, 이 짧은 세 구절을 보는 순간 우리는 이번 장의 적용 단계에 이른 것이다. 즉 신학을 제대로 하면 세 가지 중요한 차원에서 평강의 삶에 이르러야 한다. (1) 신학은 하나님을 신뢰하게 도와준다. (2) 신학은 우리를 하나님 나라의 화평의 일로 부른다. (3) 신학은 교회 안에서 '참된' 연합을 이루도록 도와준다.

우리의 사고 활동을 평강의 삶과 직접적으로 연결시키는 이 세 구절은 각각 이사야, 로마서, 빌립보서에 있다.

* 주께서 심지가 견고한 자를 **평강**하고 **평강**하도록 지키시리니 이는 그가 주를 신뢰함이니이다.사 26:3
* 육신의 생각은 사망이요 영의 생각은 생명과 **평안**이니라.롬 8:6
* 그리하면 모든 지각에 뛰어난 하나님의 **평강**이 그리스도 예수 안에서 너희 마음과 생각을 지키시리라.빌 4:7

믿을 만한 분 -

이사야 26장 3절에 흐르는 논리를 놓치지 말라. 하나님이 누구를 온전히 평강하도록 지키시는가? 심지가 견고한 사람이다. 왜일까? 그는 하나님을 신뢰하는 사람이기 때문이다.

하나님에 관해 묵상하는 것과 하나님을 신뢰하는 것 사이에는 직접적인 연관성이 있다. 친구나 스승, 혹은 존경하는 어떤 사람에 관해 알면 알수록 환상이 깨지는 경험을 어느 정도 다 해 봤을 것이다. 가까워지면 가까워질수록 롤 모델의 단점을 알게 되면서 그렇게 실망스러울 수가 없다.

하지만 하나님의 경우는 그럴 일이 결코 없다. 오히려 정반대다. 신학을 통해 하나님 그리고 그분과 관계된 모든 것을 공부할수록 그분이 믿을 만하다는 사실을 더욱 새롭게 깨닫게 된다. 하나님과 그분의 길을 자세히 들여다보고 분석할수록 단점이 눈에 들어오는 것이 아니라 그분을 믿을 이유가 점점 더 늘어난다.

성경에서 하나님은 변함없는 사랑과 신뢰성을 계속해서 증명해 보이신다. 이스라엘 백성이 애굽에서 종살이를 할 때 하나님은 신뢰성을 증명해 보이셨다. 하나님의 백성들이 광야에서 방황할 때 하나님은 신뢰성을 증명해 보이셨다. 하나님의 백성들이 앗수르와 바벨론, 바사에 차례로 지배당할 때 하나님은 신뢰성을 증명해 보이셨다. 하나님의 백성들이 4세기 동안 침묵 속에서 살 때 하나님은 신뢰성을 증명해 보이셨다. 하나님의 백성들이 메시아를 간절히 갈망할 때 하나님은 신뢰성을 증명해 보이셨다. 하나님의 백성들이 죄와 수치에 대한 완전한 대속이 필요할 때 하나님은 신뢰성을 증명해 보이셨다. 하나님의 백성들이 예수님의 죽음에 애통해하고 그분의 시신을 무덤에 봉인했을 때 하나님은 신뢰성을 증명해 보이셨다. 하나님의 백성들이 수 세대 동안 왕의 귀환을 갈망할 때 하나님은 신뢰성을 증명해 보이셨다.

하나님의 백성들이 세상의 불의가 바로잡아지기를 기다리는 지금, 하나님은 신뢰성을 증명해 보이실 것이다. 우리가 예수님을 대면해서 보게 되는 그 위대한 날, 하나님은 신뢰성을 증명해 보이실 것이다.

하나님의 것들을 생각하고 그분의 존재와 길에 관해 묵상하면 우리의 영이 한없이 평안해진다. 세상은 혼란과 소동으로 시끄러워도 하나님께로 생각을 고정하면 우리 안은 고요해진다. 우리의 사고가 하나님께로 향하면 우리의 영이 그분 안에서 쉼을 누린다. 아우구스티누스의 말이 지극히 옳다. "우리 마음은 당신 안에서 쉼을 찾지 못하면 쉴 수 없습니다."[2]

화평을 일구는 일에 동참하다 -

이사야의 조언에 따라 우리의 생각을 하나님께로 향함으로 영의 평강을 얻으면 우리는 이전과 달라질 수밖에 없다. 평강의 하나님이 우리의 눈을 열어 평강의 복음을 보게 하시고, 우리의 영이 하나님을 신뢰함으로 평강을 얻으면 행동을 취하게 된다. 로마서는 육신을 향한 생각은 사망이지만 성령을 향한 생각은 생명과 평안이라고 말한다. 롬 8:6

하지만 성령을 생각함으로 찾아오는 생명과 평안을 행동 없는 삶으로 오해해서는 곤란하다. 고린도후서를 보면 그렇지 않다는 것을 알 수 있다.

> 그런즉 누구든지 그리스도 안에 있으면 새로운 피조물이라
> 이전 것은 지나갔으니 보라 새것이 되었도다 모든 것이
> 하나님께로서 났으며 그가 그리스도로 말미암아 우리를 자기와
> 화목하게 하시고 또 우리에게 화목하게 하는 직분을 주셨으니
> 곧 하나님께서 그리스도 안에 계시사 세상을 자기와 화목하게
> 하시며 그들의 죄를 그들에게 돌리지 아니하시고 화목하게 하는
> 말씀을 우리에게 부탁하셨느니라 그러므로 우리가 그리스도를
> 대신하여 사신이 되어 하나님이 우리를 통하여 너희를
> 권면하시는 것같이 그리스도를 대신하여 간청하노니 너희는
> 하나님과 화목하라 하나님이 죄를 알지도 못하신 이를 우리를
> 대신하여 죄로 삼으신 것은 우리로 하여금 그 안에서 하나님의
> 의가 되게 하려 하심이라. 고후 5:17-21

우리의 영이 평안해지면 화평을 일구는 하나님 나라 일에 동

참하려는 마음이 솟아난다. 성경은 이 일을 "화목하게 하는 직분"이라 부른다. 하나님과, 또 사람들과 화목한 이들은 주변 사람들도 예수 그리스도의 정체성과 사역을 통해 하나님과, 또 사람들과 서로 화목하도록 '간청하게' 된다.

이렇게 "화평하게 하는 자"는 "하나님의 아들이라 일컬음을 받을" 것이다. 마 5:9 세상 속에서 화평과 화해를 이루는 소명을 감당하려면 우리의 영이 안정된 상태여야 한다. 끊임없이 요동치는 사고는 화평을 추구할 만한 안정성이 없다. 따라서 우리는 "화평하게 하는 자"가 되어 하나님의 진정한 아들과 딸로 불릴 수 있도록, 하나님을 생각하는 삶을 추구해야 한다.

"평강하다 평강하다 하나 평강이 없도다" -

신학은 하나님의 백성들 사이에 평강을 이룰 때 또 다른 중요한 역할을 한다. 그것은 평강이 진정한 평강이 되게 하는 것이다.

나는 화평을 추구하는 성격이다. 나는 분열을 싫어한다. 다리를 불태우기보다는 다리를 놓기 위해 노력하는 편이다. 꼭 필요한 논쟁과 비평을 반대하는 것은 아니지만 내가 이를 즐긴다고 말한다면 그것은 거짓말이다. 내게는 주변 사람들을 달래고 보듬어 주는 역할이 훨씬 편하다.

지적인 측면에서도 마찬가지다. 나는 신학적 논쟁이나 철학적 논쟁에서 '중도'를 찾으려고 애쓰는 편이다. 가장 큰 목소리의 중간 어디쯤에 진리가 있다고 생각하는 편인데, 신념보다는 단순한 성격 때문에 그런 것은 아닌지 많이 고민했다.

최근 예레미야서를 읽다가 보통 같으면 쉽게 지나쳤을 법한 구절에 시선이 멈췄다. 예레미야서를 보면 예루살렘 사람들이 언약을 맺은 하나님께 대한 불순종을 회개하지 않자 예레미야가 그들을 꾸짖는다. 그때 예레미야는 진정한 평강이 없는 땅이 평강하다고 주장하는 이들이 있다는 점을 지적한다. 성경은 이렇게 전한다. "그들이 내 백성의 상처를 가볍게 여기면서 말하기를 평강하다 평강하다 하나 평강이 없도다."렘 6:14

우리가 평강을 이루기 위해 노력할 때 신학이 도움을 줄 수 있다. 신학은 우리의 평강이 말로만 외치는 평강이 되지 않도록 해준다. 이것이 교회가 오랜 역사 내내 교회의 신조와 신앙고백을 마련하기 위해 노력해 온 이유다. 예를 들어, 3세기에 예수님이 성부처럼 신이 아니라 단순히 성부의 피조물이라고 주장하는 거짓 교사들이 있었다. 3세기에 활동하던 신학자들은 거짓 교사들을 다룬 뒤에 니케아에 모여서 현재 니케아신조로 알려진 것을 만들었다. 니케아신조에 따르면 예수님은 "온 세상이 있기 전에 성부에게서 나신, 하나님의 독생자이시며, 빛에서 나온 빛이요, 참하나님에게서 나신 참하나님이시며, 창조되지 않고 나셨고 성부와 동일한 본체이시며, 그분을 통해 만물이 존재하게 되었다."[3]

3세기 교회는 나사렛 예수에 관한 이 공통된 가르침을 중심으로 하나가 될 수 있었다. 니케아공의회와 신조가 모든 분열을 종식시키지는 못했지만 덕분에 교회의 연합과 화평을 위한 견고한 기초가 마련되었다. 사실, 이 글을 쓰는 지금 내가 속한 교회는 가장 최근 예배 시간에도 니케아신조를 함께 복창했다. 이처럼 3세기 문서에 기술된 신학이 무려 1,700년이 지난 지금까지도 연합을 위한 강력한 신앙고백이 되어 주고 있다.

니케아신조는 신학이 어떻게 연합과 화평을 가져올 수 있는지 보여 주는 많은 사례 가운데 하나다. 신학은 예레미야 6장에서처럼 그리스도인들이 거짓 평강으로 흐르지 않도록 도와준다. 신학은 기독교가 무엇이며, 그리스도인들이 무엇을 해야 하는지 경계선을 정해 준다. 하지만 우리는 신학을 하고 정해진 정통 교리의 경계선 안에서 그리스도인의 삶을 살면서도, 상대의 '신조와 신앙고백에 상관없이' 모든 사람에 대해서 하나님의 평강이 우리의 마음을 주장하게 해야 한다. 골 3:15

신학은 하나님 그리고 그분과 관계된 모든 것들에 관한 연구이고 하나님은 "평강의 하나님"이시다. 롬 15:33 따라서 신학자들의 신학이 화평이 아닌 분열로 이어진다면 더없이 창피한 노릇이다. 우리가 신학을 통해 그리스도가 우리 마음속에 주신 평강을 경험하고 나서, 그 신학이 우리 밖으로 뻗어 나가 우리 이웃 사이에서 화평으로 이어지는 것, 그것이 우리의 목표여야 한다.

5

깊은 신학의 샘에서 길어 올린
순전한 오래 참음으로

나는 기독교 집안에서 자라지 못했다. 우리 집에서 복음과 신학은 흔히 접할 수 있는 대화 주제가 아니었다. 그래서 내 신학적 이해는 대부분 전통이 아닌 개인적인 확신을 통해 찾아왔다. 집안 어른들에게서 신학적 체계를 물려받지 못했기에 나 스스로가 그것을 찾아야 했다. 내가 신학적 무지 상태에서 신학적 호기심을 가지게 된 덕분에 신학 여정의 다양한 지점에 있는 사람들에게 쉬이 공감할 수 있게 되었지만, 그렇게 되기까지의 과정은 결코 쉽지 않았다.

앞서 잠시 언급했듯, 여러 난관 중 하나는 대학교 1학년 때 찾아왔다. 내가 그리스도인이 된 지 얼마 안 된 때였다. 그즈음 하나님에 관해 깊이 생각하기 시작했고, 난생처음 성경 읽기와 묵상의 즐거움을 발견한 나는 읽기와 묵상에 많은 시간을 들였다. 그러다 처음으로 신학적 위기라는 걸 경험하게 되었다. 때는 8월이었다. 신학 서적을 읽다가 커다란 돌에 세게 얻어맞은 듯한 충격을 받았다. 거기에는 하나님에 관해 그동안 한 번도 들어 보지 못한 내용이 쓰여 있었다. 솔직히 그 내용이 마음에 들지 않았다. 별다른 생각 없이 그 책을 읽은 날부터 나는 무려 6개월간 지적 위기에 빠졌다.

당시 내가 고민했던 신학적 문제의 구체적인 내용이 무엇이었는지는 여기서 중요하지 않다. 지금 관련이 있는 것은 내가 신학적 위기에 빠졌다는 사실 그 자체다. 내가 밤새 하나님에 관해서 고민하기는 그때가 처음이었다. 학교 과제도 할 수 없을 만큼 그 문제가 계속해서 나를 놔주지 않았다. 6개월 동안 나는 온갖 책을 파헤치고, 교회 장로들에게 조언을 구하고, 그 주제에 관한 팟캐스트와 설교를 듣고, 각종 강연회와 토론회에 참석했다. 그 외에도 할 수 있는 것이라면 뭐든 했다.

견디기 힘들었다. 진리를 알고 싶은 마음이 너무도 간절했는데 도무지 알 길이 없어 보였다. 이 시기에 나는 참된 것과 거짓된 것을 밝혀 달라고 하나님께 간절히 애원했다. 시간이 지날수록 진리를 구하는 내 기도는 점점 더 절실해졌다. 이 기도는 지적 이해를 구하는 막연한 요청에서 "하나님, 지금 여기서 하나님 자신을 드러내 주옵소서"라는 요청으로 발전했다. 혼란과 신학적 안개가 가득한 시기가 길어질수록 하나님을 더욱 의지하고 부여잡게 되었다.

결국, 나를 사로잡았던 지적 수수께끼가 풀렸다. 성경, 교회의 가르침, 내가 경험한 인생이 해석되기 시작했다. 의문이 풀렸다는 사실도 중요하지만, 더 중요한 것은 그 과정에서 내가 배운 것이다. 의심과 혼란의 늪에 빠졌다가 빠져나오는 동안 나는 신학과 인내 사이의 관계에 관한 중요한 교훈을 얻었다.

신학적 지혜는 전자레인지 요리처럼 뚝딱 하고 만들어지지 않는다. 신학하는 삶에서 지혜의 자리에 이르려면 씨름, 묵상, 기도, 인내가 필요하다. 이 과정은 때로는 답답하고 힘들 수 있다. 한 가지 질문만으로 몇 달간 씨름해 본 적 없는가? 하지만 성경의 어느 한 부분과 오랫동안 씨름해 본 적은 있을 것이다. 많은 사람이 성경 구절을 묵상하다가 이해할 수 없어 답답해 본 경험이 있을 것이다. 그럴 때면 답답할 수 있지만 그 순간 벌어지는 영광을 놓치지 말아야 한다. 이해를 갈구하는 그런 순간, 하나님이 바로 우리 안에서 역사하고 계신다.

대학교 1학년 때 신학적 위기를 겪으면서 히브리서에 나온 한 구절을 지금까지 가슴에 새기게 되었다. 히브리서 6장에서 기자학자들은 누가 히브리서를 썼는지 정확히 파악하지 못했다는 독자들에게 "그리스도의 도의 초보를 버리고" 성숙으로 나아가라고 말한다. 기자는 독자들이 기독교의 기초적인 가르침에서 기독교 신앙의 더 깊은 진리로 나아가기를 바라고 있다. 기자는 다음과 같이 말한다.

> 그러므로 우리가 그리스도의 도의 초보를 버리고 죽은 행실을 회개함과 하나님께 대한 신앙과 세례들과 안수와 죽은 자의 부활과 영원한 심판에 관한 교훈의 터를 다시 닦지 말고 완전한 데로 나아갈지니라 하나님께서 허락하시면 우리가 이것을 하리라.1-3절

여기서 "하나님께서 허락하시면 우리가 이것을 하리라"라는 마지막 말씀을 놓치기 쉽다. 하지만 거기에 우리가 놓치지 말아

야 할 중요한 교훈이 있다. 기독교 신앙의 더 깊은 진리로 나아가는 신학적 성숙은 우리가 노력해서 얻어 내는 특권이 아니다. 신학적 지혜가 성숙해지는 것은 어디까지나 은혜에 따른 결과다. 하나님이 우리에게 자신을 드러내 주시는 것은 은혜다. 하나님이 그분의 계시로 우리를 깨우쳐 주시는 것 또한 은혜다. "하나님께서 허락하시면" 비로소 우리는 신학적 지혜의 성숙으로 나아갈 수 있다.

이 말씀을 근거로, 나는 모든 학생에게 기독교 신학의 첫걸음은 '기도'라고 가르친다. 우리가 신학을 통해 추구하는 대상은 바로 하나님이다. 따라서 우리가 의지해야 할 대상도 하나님이다. 하나님을 이해하기 위한 신학적 노력을 할 때는 처음부터 끝까지 기도해야 한다. 신학적 노력을 하는 내내 기도하는 시간을 많이 내야 한다. 하나님이 허락하셔야만 기독교의 지혜로 나아갈 수 있기 때문이다.

"야곱의 절뚝거림과 모세의 경이로움"

우리로서는 답답하고 힘들 수 있지만 하나님이 기꺼이 지식을 허락하실 때가 있는 듯하다. 오직 하나님이 허락하신 시간에만 지식을 얻을 수 있는 경우가 있다. 우리는 책을 읽거나 친구들과 토론하고, 또는 기도하고 하나님께 간구하면서 깨닫기 위해 여러 가지로 노력을 기울일 수 있다. 물론 그런 노력도 좋지만 때로는 "여호와 앞에 잠잠하고 참고 기다리"는 것이 최선일 때도 있다.^시 37:7

신학자 매튜 레버링^{Matthew Levering}은 주님을 아는 지식에서 자라가는 과정을 다루면서 하나님을 묵상할 때 "야곱의 절뚝거림과 모세의 경이로움"이 필요하다고 말했다.[1] 야곱과 모세는 우리에게 참을성 있고 지혜로운 신학의 길을 가르쳐 준다.

구약성경에 기록된 야곱 이야기를 안다면 창세기 32장의 놀라운 장면을 기억할 것이다. 이 흥미로운 이야기에서 야곱은 하나님의 사자인 한 천사와 날이 새도록 씨름한다. 야곱은 그 "사람"이 자신을 축복할 때까지 놔주기를 거부한다. 그리하여 동이 틀 때까지 힘겨루기는 계속되고 결국 그 사람은 야곱의 허벅지 관절을 쳐서 탈골시키고야 만다. 그리하여 그 사람과 겨루어 이긴 야곱은 새로운 이름과 한쪽 다리의 절뚝거림을 얻고 그 자리를 떠난다. 이제 그는 이스라엘로 불리는 동시에 절뚝거리는 발로 다녀야 한다. 야곱은 "하나님과 대면하여 보"고 그곳에서 밤새도록 하나님과 씨름했기 때문에 그 신성한 장소를 "브니엘"이라 이름 붙였다.

이 사건은 그리스도인이 지혜 있는 자로 성장해 가는 것이 어떤 느낌인지를 잘 보여 준다. 이는 마치 씨름 경기와도 같다. 성경에서 골치 아픈 부분을 만나면 때로 우리는 야곱처럼 그 구절을 붙잡고 놔주지 말아야 한다. 하나님이 보여 주고자 하시는 것을 보기 전까지는 그 부분을 그냥 지나치지 말아야 한다. 기독교 신학을 하는 과정은 때로 고도의 지적 과정이다. 하지만 기독교 신학 과정은 마침내 그리스도를 볼 때까지 그저 보기만 하는 것일 때가 많다.

그래서 우리는 온 힘을 다해 씨름을 한다. 성경 구절을 붙잡고 끈덕지게 달라붙는다. 교회의 교리와 씨름한다. 묵상과 추론 속에서 포기하지 않는다. 우리가 씨름을 통해 소망하는 것은 우리 영의 깊은 곳에 지혜를 품고 허벅지 관절이 탈골된 채로 그 씨름을 마치는 것이다. 이 두 가지는 하나님과 씨름한 사람의 흔적이다.

하지만 앞에서 인용한 레버링의 글은 "야곱의 절뚝거림"으로 끝나지 않는다. 아직 "모세의 경이로움"이 남아 있다. 출애굽기 33장에서 모세는 하나님 백성들의 진영 밖 시내산에서 하나님과 대화하고 있다. 이 장면에서 모세는 하나님께 대담한 요청을 한다. "주의 영광을 내게 보이소서."18절 이에 하나님은 그분 얼굴의 영광을 온전히 보면 반드시 죽을 것이라고 대답하신다. 그래서 하나님은 모세가 그분의 얼굴을 직접 보도록 허락하시지 않고 그를 바위틈에 숨기고 나서 그 옆으로 지나가신다. 덕분에 모세는 하나님의 뒷모습이라도 엿볼 수 있게 되었다.

성경은 모세가 하나님과 대화한 뒤에 시내산에서 내려와 백성들에게로 돌아갔을 때 "여호와와 말하였음으로 말미암아 얼굴 피부에 광채가" 났다고 말한다. 출 34:29 모세의 얼굴에 나는 눈부신 광채가 얼마나 놀라웠던지 사람들이 이를 보고 두려워했다. 모세가 얼굴에 수건을 써야 할 정도였다. "야곱의 절뚝거림"이 기독교 신학에서 하나님과 씨름하는 과정을 말한다면, "모세의 경이로움"은 기독교 신학의 목표를 상징한다. 하나님께 영광을 보여 달라고 간청하며 참을성 있게 씨름하면, 우리는 놀라우리만치 크게 변화되어 우리 얼굴 자체에서 하나님의 선하심을 발할 수 있다.

신학의 정의를 기억하는가? 신학은 하나님 그리고 그분과 관계된 모든 것을 연구하는 것이다. 이 정의는 이번 논의에서도 중요하다. 진짜 신학은 학자들이 상아탑에서만 할 뿐 실생활에는 아무런 의미가 없는 것이 아니다. 진짜 신학은 하나님의 영광을 보고 우리의 영이 변화될 때까지 하나님과 끈질기게 씨름하는 행위다.

이 씨름은 평생에 걸친 과정이다. 신학적 지혜는 하루아침에 쌓이지 않는다. 그런 의미에서 신학은 오래 참음patience[인내]을 가르쳐 주는 가장 큰 스승이다. 우리는 성경과 신학적 개념들을 놓고 씨름해야 한다. 하지만 더 중요하게는, 성경과 신학이 걸어오는 '씨름'을 감내할 수 있어야 한다. 우리가 기도와 묵상으로 씨름하는 가운데 하나님은 우리를 그분의 영광과 다른 사람들의 유익을 위한 사색가로 빚어 주신다. 그런데 이 일에 별다른 지름길은 없다. 그리스도인의 지적 성숙으로 가는 도중 그 길이 느리다고 돌아서 가려 하지 말아야 한다. 오래 참음이 바로 열쇠다. 하나님이 오직 그분만 형성하실 수 있는 모습을 우리 안에 형성시키실 때까지 갈망하고 행동하면서 기다릴 줄 알아야 한다.

세상 풍조를 거스르는 용기

성령의 아홉 가지 열매는 모두 반문화적이다. 그중에서도 오래 참음이 특히 그렇다.

세상 문화의 어떤 산물이 인내심의 부족을 가장 잘 보여 주는지 판단하기 어려울 정도로 세상에서는 인내심을 찾아보기가 더 힘들어졌다. 우리의 시선은 종일 각종 디지털 화면 사이에서 왔다 갔다 한다. 우리는 당일 배송을 선호하고, 유익한 책의 즐거움을 지루해하며, 인터넷에서 검색어만 치면 바로 나오는 정보에 익숙해져 있다. 한마디로 이제 우리의 인내심이 바닥이 났다. 인터넷 창이 몇 초만 늦게 떠도 쉽사리 화를 내고, 빨간불이 감히 우리의 짧은 주의 집중 시간을 초과하면 곧바로 짜증 내기 일쑤다. 게다가 소셜 피드들은 하나같이 어제보다 더 일을 빠르게 처리해 준다고 약속하는 광고로 가득하다.

세상은 오래 참을 필요성을 아예 없애기 위해 '진보'하려 들지만 오히려 성경은 정반대 방향으로 흘러간다. 오래 참음이 성령의 열매에 포함된 것은 절대 우연이 아니다. 또한 오래 참음은 성경 드라마 속에서 계속해서 등장하는 그리스도인의 필수 미덕이다. 하나님은 백성들의 온전한 구원을 위해 조금도 서두르시지 않는 것처럼 보인다. 하나님은 그리스도가 만물 중에 으뜸이 되신다는 사실을 드러내고 계신다. 우리는 하나님의 이 이야기 속에서 우리 역할을 감당하는 내내 끝까지 인내심을 발휘해야 한다.

성경의 기나긴 이야기에서 주요한 시대들을 생각해 보라. 이스라엘 백성들은 불순종의 결과로 이방 군대에게 포위당하고 나서 메시아 갈망하기를 반복했다. 백성들은 언젠가 뱀의 머리를 부서뜨리는 분이 오셔서 모든 문제를 바로잡으실 것이라고 믿었다. 할아버지들은 손주들에게 다가올 메시아의 소식을 전했고, 시간이 지나자 그 두 세대 모두 세상을 떠났다. 마침내 메시아가 오기 전까지 그런 식으로 몇 세대가 흘러갔다.

구약 시대가 끝나고 예수님이 오시기 전에도 이스라엘 백성들의 고난은 계속되었다. 마지막 선지자가 하나님의 말씀을 선포하고 예수님이 이 세상에 다시 오시기까지 약 400년이 흘러갔다. 하나님의 백성들은 400년간 오직 인내로 하나님의 침묵을 견뎌 내야 했다.

하지만 하나님의 이야기에서 인내의 역할과 필요성을 보기 위해 굳이 시간을 거슬러 올라갈 것도 없다. 지금 이 순간에도 우리 그리스도인들은 우리 왕 예수님의 재림을 간절히 기다리고 있기 때문이다. 연말이 되면 우리는 교회력에 따라 대림절을 지키지만 우리의 영은 사도 요한과 함께 "주 예수여 오시옵소서"라고 선포하며 늘 주님의 다시 오심을 기다리고 있다. 계 22:20

우리는 하나님이 전지하시고, 완벽히 선하시며, 완벽히 지혜로우신 분임을 안다. 따라서 그분이 역사의 정점을 지연시키시는 것이 우연이 아니라는 것도 안다. 하나님이 예수 그리스도를 통한 만물의 회복을 지연시키시는 데는 마땅한 이유가 있다. 사실, 수만 가지 이유가 있다. 그중 하나는 그분의 백성들이 마지막 왕이 오실 그 날까지 인내로써 기다리게 하려는 것이다.

성경 이야기 전체에서 인내의 중요한 역할로 볼 때 성경에 오래 참음에 관한 명령이 가득한 것은 어찌 보면 너무도 당연하다. 모든 명령을 깊이 연구하는 것이 좋기는 하겠지만 여기서는 몇 개의 명령을 소개하는 것만으로도 충분하리라 생각한다.

* 소망 중에 즐거워하며 환난 중에 **참으며** 기도에 항상 힘쓰며. 롬 12:12

* 만일 우리가 보지 못하는 것을 바라면 **참음으로** 기다릴지니라. 롬 8:25

* 모든 겸손과 온유로 하고 **오래 참음으로** 사랑 가운데서 서로 용납하고. 엡 4:2

* 오직 여호와를 앙망하는 자는 새 힘을 얻으리니 독수리가 날개치며 올라감 같을 것이요 달음박질하여도 곤비하지 아니하겠고 걸어가도 피곤하지 아니하리로다.사 40:31

* 그러므로 너희는 하나님이 택하사 거룩하고 사랑받는 자처럼 긍휼과 자비와 겸손과 온유와 오래 참음을 옷 입고.골 3:12

* 일의 끝이 시작보다 낫고 참는 마음이 교만한 마음보다 나으니.전 7:8

* 그러므로 형제들아 주께서 강림하시기까지 길이 참으라 보라 농부가 땅에서 나는 귀한 열매를 바라고 길이 참아 이른 비와 늦은 비를 기다리나니 너희도 길이 참고 마음을 굳건하게 하라 주의 강림이 가까우니라.약 5:7-8

* 게으르지 아니하고 믿음과 오래 참음으로 말미암아 약속들을 기업으로 받는 자들을 본받는 자 되게 하려는 것이니라.히 6:12

이 성경 구절들뿐 아니라 하나님이 성경 이야기 전체에서 그분의 백성들에게 인내를 명령하시는 것으로 보아 이 미덕이 그리스도인의 삶에서 얼마나 중요한지를 알 수 있다. 오래 참음은 세상의 흐름과는 어긋나지만 성경의 흐름과는 정확히 일치한다.

하나님은 우리를 무한히 오래 참아 주셨다. 오죽하면 베드로는 "우리 주의 오래 참으심이 구원이 될 줄로 여기라"라고 말한다. 벧후 3:15 우리는 우상을 숭배하고 불순종을 일삼지만 하나님은 은혜와 긍휼로 오래 참아 주신다.

하나님의 인내로 말할 수 없는 복을 받은 자로서 우리도 참을성을 길러야 한다. 우리를 향한 하나님의 인내를 보면서 우리의 이웃, 우리의 환경, 우리 자신의 영적 성장에 참을성을 발휘해야 한다.

즉각적인 만족을 외치는 이 세상 문화 속에서 우리 그리스도인은 오래 참는 사람들로 알려져야 한다. 신학이 이 일에서 우리에게 도움을 줄 수 있다. 삼위일체 하나님에 관해 묵상하고 배우는 느린 과정은 우리 영에 인내의 씨앗을 뿌려 준다.

KINDNESS

6

깊은 신학의 샘에서 길어 올린

순전한 자비로

오랫동안 하나님께 자녀를 구한 끝에 드디어 아이를 품에 안게 되는 감동은 말로 다 표현할 수 없을 정도다. 우리 부부 역시 하나님이 자녀를 주실지 전혀 알 수 없는 상태에서 수년간 기도한 끝에 마침내 딸을 낳게 되었다. 아이의 탄생은 우리 부부에게 하나님의 깊은 은혜를 보여 주는 살아 있는 증거였다. 딸아이를 볼 때마다 우리는 하나님이 자녀에게 좋은 선물을 주시는 빛의 아버지심을 기억한다. 약 1:17

딸이 태어난 그해, 나는 시간이 허락될 때마다 딸을 품에 꼭 안고 흔들면서 기도해 주었는데, 그게 그렇게 행복할 수가 없었다. 당시 나는 딸을 위해 매일 두 가지 기도를 드렸다. 우선, 이 아이가 그 어떤 것보다도 예수님과 그분의 복음을 소중히 여기고 그분 안에서 가장 위대한 모험과 평생의 사랑을 발견하게 되기를 구했다. 다음으로, 이 아이를 지혜롭고 자비롭게 해 주십사 기도했다.

지혜롭고 자비롭게! 딸이 태어났을 때 이 두 단어가 떠올랐고, 그 뒤로도 내 머릿속에서 지워지지 않았다. 딸을 위해 딱 두 단어만 고를 수 있다면 이 두 단어를 고르고 싶었다. 왜일까? 여러 가지 이유가 있었는데, 그중 하나는 지혜와 자비kindness〔친절〕가 우리 시대에 가장 역행하는 반문화적인 특성에 속했기 때문이다.

오늘날에는 정보는 넘쳐 나나 지혜는 적다. 지금처럼 즉각적으로 정보를 습득할 수 있는 시대도 없었다. 하지만 동시에 지금처럼 '진리'에서 멀어진 시대도 없는 것 같다. 우리는 지혜가 부족하다. 그래서 미련한 여인의 목소리에 다른 여느 때보다 잘 홀리고 있다. 잠 1-2장

지혜와 함께 이 시대에 부족한 것은 자비다. '문화 전쟁'이라는 이름으로 우리는 자비의 소명을 버렸다. 끝없는 '문화 전쟁'의 사상자는 거짓 이념보다는 주로 형제자매를 향한 사랑이다. 오늘날의 뉴스 피드는 이웃을 희생시켜서 청중을 얻기 위한 가시 돋친 말들로 넘쳐난다. 우리는 의견이 다른 이들을 악한 집단으로 여기고 '우리 집단'이 진리를 갖고 있다고 생각하며 우리와 다른 이들의 경험에서 배울 것이 없다고 믿는다. 세상은 '자신이 원하는 대로 사는 것'이 가장 중요하며, 그런 삶을 얻기 위해서는 서로를 잡아먹을 수밖에 없다고 말한다.

자아실현과 자신감만을 외치는 세상 속에서 나는 내 딸이 다른 사람들을 자신보다 더 낮게 여기게 해 달라고 기도하고 있다. 빌 2:3 사실, 내가 딸을 위해서 해 온 기도는 바로 당신을 위해 해 온 기도이기도 하다. 당신의 이름은 모르지만 이번 장을 쓰면서 '우리 모두'를 헤아릴 수 없는 복음의 자비를 품은 이들로 빚어 달라고 하나님께 간절히 기도했다.

하지만 이 자비가 단순히 반문화적인 열정에 근거한다거나 단순히 선한 사람처럼 보이기 위한 수단이라면 그런 자비는 수시로 바뀌어서 오래 지속하기 힘들다. 자신의 성격에서 비롯한 자비

나 상대방의 행동을 따지는 자비가 아니라, 진리를 아는 지식에서 비롯하는 자비가 필요하다. 변화된 마음과 진리를 아는 머리에서 흘러나오는 자비가 필요하다. 우리 영 깊은 곳에 뿌리를 내린 자비가 같은 하나님의 형상을 지닌 사람들과의 모든 상호작용과 그들에 관한 우리의 생각에서도 그대로 묻어 나와야 한다.

하나님을 아는 지식에서 흘러나오는 자비

자비에 관한 이 비전을 이루려면 진리에 뿌리를 내리고 진리를 알아야 한다. 그런 의미에서 우리가 자비로운 사람들이 되도록 신학이 도움을 줄 수 있다. 기독교 교리의 진리는 자비가 뿌리를 내릴 수 있는 풍요로운 토양 역할을 한다. 우리가 하나님을 묵상하고 진리를 기억하면 우리의 사고와 영에서 흔들리지 않는 자비가 우러나온다.

자비의 열매를 낳는 신학적 진리가 많지만, 여기서는 하나님의 자비, 우리 존재의 악함전적 부패, 다른 사람들 안의 이마고 데이 imago Dei 라는 세 가지 신학적 진리에 초점을 맞추어 보자. 우리의 사고가 이 세 가지 진리로 충만할 때, 확신에서 비롯한 자비, 신학적 진리에서 비롯한 자비, 단순한 '사람 좋음'을 넘어서는 더 깊은 자비, '다른 사람들의 선해 보이는 행동에 따른 자비'가 아닌 더 강력한 자비로 이어진다.

하나님의 자비 -

성령의 열매가 지닌 다른 측면과 마찬가지로, 하나님은 자비의 속성을 보여 주는 가장 뛰어난 본보기시다. 성경을 보면 우리 같은 죄인들에게 구원의 소망이 있는 것은 오로지 하나님이 자비로우시기 때문이라는 사실을 분명히 알 수 있다. 더글러스 무 Douglas Moo는 바울이 "자비"라는 단어를 주로 "반항적인 피조물에 대한 하나님의 은혜로우신 반응"을 지칭하기 위해 사용한다는 점을 지적한다. 롬 2:4; 11:22; 엡 2:7; 딛 3:4; 시 31:19; 68:10; 119:68[1]

하나님의 자비는 우리의 마비된 이성을 쳐서 살리는 번개와도 같다. 그래서 로마서 2장 4절에서 바울은 "하나님의 인자하심이 너를 인도하여 회개하게" 하시니 하나님의 자비를 가볍게 여기지 말라고 말한다. 우리는 우리를 반역에서 마침내 돌아서게 만드는 것이 하나님의 진노라고 생각하는 경향이 있다. 그런 생각은 우리를 화나게 하는 사람들을 대하는 태도에서 여지없이 드러난다. 우리가 그들에게 고함을 지르거나 냉대한다고 해서 그들이 잘못을 깨닫고 옳은 행실을 할까?

우리가 하나님 앞에 무릎을 꿇고 그분께로 달려가는 것은 그분의 진노가 아닌, 그분의 한없는 '자비' 때문이다. 성경에 나타난 하나님의 사랑과 자비가 그토록 놀라운 것은 심지어 원수들에까지도 자비를 후히 베푸신다는 사실이다. 우리는 가장 가까운 사람에게도 자비를 베풀지 못하지만 하나님은 그분을 경멸하는 자들까지도 자비롭게 대하신다.

에베소서 2장은 자격 없는 이들을 향한 하나님의 놀라운 자비를 완벽하게 보여 준다. 에베소서 2장은 하나님 앞에서 우리의 절망적인 상태를 기술하면서 시작된다. "허물과 죄로 죽었던 너희."¹절 죽은 우리는 세상을 따라 행하고 "공중의 권세 잡은 자"를 따랐으며,²절 그로 인해 "진노의 자녀"가 되었다.³절 하지만 기독교의 복음은 하나님이 우리를 절망적인 상태로 놔두시지 않고 우리를 찾아오셨다는 것이다. "긍휼이 풍성하신 하나님이 우리를 사랑하신 그 큰 사랑을 인하여 허물로 죽은 우리를 그리스도와 함께 살리셨고 너희는 은혜로 구원을 받은 것이라."⁴⁻⁵절

죽음에서 생명으로 구원받았다는 것도 모자라 에베소서는 더 놀랄 만한 진리를 제시한다. 바로 하나님이 자녀에게 자비를 풍성히 베풀어 주신다는 것이다. 6-7절은 하나님이 우리를 그리스도와 함께 일으키신 것이 "그리스도 예수 안에서 우리에게 자비하심으로써 그 은혜의 지극히 풍성함을 오는 여러 세대에 나타내려 하심이라"고 말한다.

에베소서 2장에서 이야기하는 변화를 놓치지 말라. 그리스도께 연합한 자들은 모두 "허물과 죄로 죽었던" 존재에서 불과 일곱 구절 만에 부활의 영광 속에서 그리스도와 함께 앉은 자들로 변했

다. 이는 하나님이 지극히 풍성한 은혜와 자비를 보여 주시기 위함이다.

우리 하나님은 무한히 자비로우시며, 우리는 아무런 자격 없이 그 자비를 받고 있다. 우리 하나님이 행하시는 우주적 자비 안에서 우리는 자비의 삶이 무엇인지에 관한 궁극적인 본보기를 발견할 수 있다.

우리 존재의 악함 -

성경은 거울 역할을 할 때가 많다. 성경을 통해 우리의 진짜 모습을 들여다보면 실망할 수 있다.

앞서 보았듯이 그리스도를 떠나서 우리는 "허물과 죄로 죽었던" 존재다. 엡 2:1 우리의 마음은 "만물보다 거짓되고 심히 부패한 것"이다. 렘 17:9 자연적인 상태에서 우리는 육신으로 생각이 흐르고 육신의 것들을 바란다. 이 절망적인 상태에서 우리는 빛의 것들을 이해할 수도, 하나님을 기쁘시게 할 수도 없다. 롬 8:5; 고전 2:14

요컨대 자연적인 상태에서의 인간의 본성은 모두 악하다. 인간이라면 누구나 바울의 이 선포에서 자유롭지 못하다. "의인은 없나니 하나도 없으며 깨닫는 자도 없고 하나님을 찾는 자도 없고."롬 3:10-11 아무도 스스로 하나님을 찾지 않는다. 따라서 우리 모두는 같은 결과를 맞을 수밖에 없다. "모든 사람이 죄를 범하였으매 하나님의 영광에 이르지 못하더니 …… 죄의 삯은 사망이

요."롬 3:23; 6:23

기독교 신학에서는 이를 '전적 부패^{total depravity}'의 교리라고 부른다. 이 용어는 모든 사람이 최대한도로 악하다는 뜻이 아니다. '전적 부패'는 우리가 '전체적으로' 부패했다는 뜻이다. 우리 존재 전체에 죄로 더러워지지 않은 부분이 단 한 군데도 없다. 우리 존재 전체에 그리스도의 구속이 필요하지 않는 부분이 단 하나도 없다. 그런데 이 전적 부패의 교리와 우리 자신의 악함이 자비와 무슨 상관이 있는가?

우리와 우리를 둘러싼 사람들 안에 기본적으로 악함이 있다는 사실을 신학적으로 확인하고 나면 몇 가지 측면에서 자비로운 마음을 가지는 데 도움이 된다. 첫째, 낯선 사람이나 가까운 사람에게서 무자비를 경험해도 복수하지 않기로 결심할 수 있다. 우리 모두가 죄의 더러운 영향을 받았다는 슬픈 현실은 우리가 사랑하는 사람들도 의에서 철저히 벗어난 행동을 할 수 있다는 뜻이다. 그리고 그런 행동은 주변 사람에게 고통을 주기 마련이다. 성경은 우리에게 인간 본성에 대한 이런 청사진을 제공했다. 그래서 사람들이 육신에 따라 행동해도 우리는 지나치게 충격을 받거나 복수심을 불태우지 말아야 한다.

이는 두 번째 요지로 이어진다. 그것은 우리가 사랑하는 사람 안에 죄가 있어서 그들이 내게 무자비한 행동을 할 수 있는 것과 마찬가지로 내 안에도 동일한 죄가 있다는 것이다. 이 사실을 깨달으면 멈춰서 기도할 수 있다. 복수하려고 하는 대신 무자비한 행동에 자비로 반응하기 위해 하나님께 긍휼하심과 도우심을 구할 수 있다.

지극히 개인적인 취향이나 성향이 아니라 신학의 샘에서 자비를 길어 올린 사람들은 무자비의 풍랑을 견뎌 내고 자비로 반응할 수 있다. 자신의 죄를 깊이 인식하는 사람들은 자신도 언제든지 나쁜 결정을 내리고 무자비한 행동을 할 수 있다는 것을 알기 때문이다.

타인, 하나님의 형상을 지닌 존재 -

자비가 우리의 영 깊이 닻을 내리도록 도와줄 수 있는 또 다른 교리가 있다. 그것은 바로 '이마고 데이'다. '내 안의 악'이 다른 사람들을 이해하고 용서함으로써 자비를 베풀게 해 준다면, '다른 사람들 안의 이마고 데이'는 다른 사람들을 같은 하나님의 형상을 지닌 자들로 가치 있게 여기도록 해 준다. 두 교리 모두 신학에서 비롯한 자비에 핵심 요소들을 더해 준다. '전적 부패'의 교리가 다른 사람들을 향한 공감과 관심을 길러 준다면, '이마고 데이'의 교리는 다른 사람들을 가치 있게 여기고 존중하게 해 준다.

그렇다면 '이마고 데이'의 교리는 무엇인가? '이마고 데이'는 '하나님의 형상'을 의미하는 라틴어 표현이다. 하나님은 세상을 창조하실 때 창조의 최고봉인 인간 남녀에게 그분의 형상을 불어

넣으셨다. 창세기 1장은 이렇게 말한다. "하나님이 자기 형상 곧 하나님의 형상대로 사람을 창조하시되 남자와 여자를 창조하시고."27절 조금 더 뒤쪽에서는 이렇게 말씀하신다. "다른 사람의 피를 흘리면 그 사람의 피도 흘릴 것이니 이는 하나님이 자기 형상대로 사람을 지으셨음이니라."창 9:6

가장 가까운 친척에서 가장 먼 지인까지 당신이 아는 모든 사람, 심지어 당신이 전혀 모르는 낯선 이들까지도 하나님의 형상을 따라 창조되었다. 이는 당신이 알든 모르든 모든 사람이 깊고도 의미 있는 가치를 지니고 있다는 뜻이다. 인간 영혼의 어두운 그늘 아래 도사린 악을 생각하면 다른 사람들을 우리보다 못하게 여기고 싶은 유혹이 든다. 하지만 '이마고 데이'는 상대가 어떤 사람이든 자비로 대해야 한다는 뜻이다.

신학에 근거한 자비를 논할 때 하나님의 형상에 관한 이야기가 빠져서는 안 된다. 자비가 '이마고 데이'의 교리에 뿌리를 내리면 자비를 받을 만한 행동을 한 사람에게만 자비를 베풀지 않게 되기 때문이다. 모든 사람은 행동이 아닌 하나님의 형상 그 자체로 인해 자비를 받아 '마땅하다.' 이 교리를 이해하면 모든 사람에게 자비를 베풀어야 한다는 확신에 따라 살게 된다. 사람을 지으시고 자신의 형상을 불어넣으신 분으로 인해 우리는 모든 이웃을 사랑과 자비로 대해야 한다.

"확신이 넘치는 자비"

러셀 무어Russell Moore가 2015년에 발표한 *Onward*앞으로 나아가는라는 책에서 내 마음에 와닿는 표현 하나를 발견했는데, 이번 장에서 말하려는 요지와도 통한다. 무어는 그리스도인들이 "확신이 넘치는 자비"를 품어야 한다고 주장했다.[2] "확신이 넘치는 자비는 사람들에게 진리를 말해 주고 자신에게 그들에 관한 진리를 말해 줄 정도로 그들을 사랑하는 것을 의미한다."[3]

우리는 진리를 사랑하기에 확신에 차 있다. 우리는 하나님이 옳고 그름을 분명히 말씀해 주셨다는 점을 좋아한다. 우리는 하나님이 비전을 선포하고 이야기를 통해 자신을 드러내셨다는 점을 좋아한다. 우리는 기독교 신앙이 확인해야 할 진리의 수많은 주장들로 이루어져 있다는 점을 좋아한다. 우리는 신앙이 '확신'이라는 점을 좋아한다. 하지만 우리는 진리만 사랑하는 것이 아니라 사람들도 사랑한다. 우리는 우리처럼 내면 깊은 곳의 그늘 아래에 악의 영을 품고 있으면서도 창조주의 형상을 지닌 사람들도 사랑한다.

신학적 진리에 근거한 자비로 나아가는 길은 진리를 사랑할 뿐 아니라 하나님의 형상을 지닌 이웃까지도 사랑하게 하는 길이다. 우리 그리스도인은 사람들에게 진리를 말하는 것을 두려워하지 않는 동시에 같은 인간에게 기꺼이 자비를 베풀 줄 아는 사람

들이다. 냉소와 분노로 끊임없이 서로를 잡아먹는 세상에서 우리
는 하나님의 자비를 본받으며 계속해서 전진한다. 우리는 이 시
대의 문화적 흐름에 반하는 자비를 실천하는 사람이 되기 위해 애
를 쓴다. 이런 자세는 예수 그리스도의 복음을 철저히 이해할 때
만 가능하다.

성령의 열매로서 자비라는 비전은 단순히 '사람 좋음'보다 훨
씬 강력한 것이다. 신학적 진리에 근거한 자비는 깊이 뿌리를 내
려 좀처럼 흔들리지 않는 자비다. 하나님 그리고 그분과 관계된
모든 것을 이해한 데서 비롯한 자비는 수동적이거나 약하지 않고
적극적이다. 이런 자비를 품은 사람들은 세상을 이해하고 다른
사람들과의 상호작용에서 지혜로운 모습을 보일 수 있다.

GOODNESS

7

깊은 신학의 샘에서 길어 올린

순전한 양선으로

아동 문학의 명작 〈나니아 나라 이야기*The Chronicles of Narnia*〉 시리즈에서 C. S. 루이스는 아름답고도 메시지가 있는 수많은 장면을 판타지형식으로 묘사하고 있다. 그런 장면 중 하나를 《마법사의 조카*The Magician's Nephew*》 편에서 찾을 수 있다. 몇몇 인물들이 아무것도 없이 텅 빈 무無의 세상에 살고 있다. 그때 어디선가 저 멀리서 들리는 소리가 숨죽이는 침묵 속 고요함을 깬다. 그 소리에 경외감을 느낀 이가 있는가 하면 혐오스럽다는 듯 코웃음 치는 이도 있다.

그 소리는 바로 위대한 사자 아슬란이 내는 소리였다. 아슬란은 이 시리즈에서 그리스도를 상징하는 사자로 등장한다. 이 위엄 있는 짐승은 이곳저곳을 다니며 '노래'를 부르고 있다. 등장인물들이 위대한 사자의 소리를 듣는 사이에 이것이 무슨 상황인지가 분명해진다. 아슬란이 노래를 부르고 지나간 자리마다 나니아 나라의 생명체가 탄생했다. 아슬란은 아름다운 목소리로 나니아의 생명체를 창조하고 있었다. 그로 인해 아무것도 없던 그 인물들과 이야기 배경이 완전히 달라진다.[1]

생명체가 창조되는 나니아 나라의 풍면은 실로 장엄하다. 이 소설 속 사자의 목소리는 나니아 나라의 첫 왕과 여왕에게 실로 웅장하게 들렸으리라. 하지만 이조차 창세기 1장 1절이 보여 주는 현실에는 명함도 내밀지 못한다. 소설 속 이 장면은 실로 경이롭다. 하지만 그 아름다움은 또 다른 나라의 아름다움을 담아내려는 작은 시도일 뿐이다. 소설이 아름다울 수 있지만 하나님의 현실은 한없이 더욱 웅장하고 경이롭다. 소설은 아름다움을 가르치는 선생이지만, 그 아름다움은 진정으로 아름다운 하나님의 실제 세상의 그림자에 불과하다.

성경은 이렇게 창조의 포문을 연다. "태초에 하나님이 천지를 창조하시니라."창 1:1 이 땅은 아무런 형태도 없이 텅 비어 있었다. 그 어떤 물질도 존재하지 않았다. 하나님은 우주에서 기본적인 구성 요소를 발견하고서 단순히 그것을 재구성하여 세상을 창조하신 것이 아니다. 하나님은 무無에서 이 세상과 질서를 이끌어 내셨다. 하나님은 "능력의 말씀으로" 존재하지 않던 것을 존재하게 하셨다.

이 강력하고도 장엄한 창조의 하나님은 말씀만으로 별을 지으시고 각 별이 하늘 어디에 걸릴지를 명령하셨다. 하나님은 바다를 지으시고 그 바다의 끝이 어디서 멈출지를 명령하셨다. 하나님은 물속 짐승과 뭍의 짐승을 모두 창조하시고, 각 짐승에게 각자의 형상대로 독특한 아름다움을 부여하셨다. 하나님은 땅에서 나는 채소와 꽃을 만드셨고, 갖가지 색깔과 냄새를 정하셨으며, 장엄한 산과 골짜기도 창조하셨다. 우리가 보는 모든 것은 하나님이 무에서 말씀으로 이끌어 내신 것이다. 그리고 창조의 마지막 날, 하나님은 남자와 여자를 창조하셨다.

창조의 각 날이 끝날 무렵 성경은 한 가지 중요한 표현을 반복한다. 성경에 따르면 창조의 처음 5일 동안 각 날이 끝나고 하나님이 창조하신 것을 둘러보시니 "보시기에 좋았더라"라고 반복해 말씀하신다. 창 1:25 그런데 이 패턴이 여섯째 날에 깨진다. 하나님이 남자와 여자를 창조하셨을 때 성경은 이 패턴에 최상급 부사 하나를 더한다. 창조의 마지막 날 하나님이 인류를 창조하시고 나서 "지으신 그 모든 것을 보시니 보시기에 심히 좋았더라."창 1:31

창조는 좋음goodness(선, 양선)을 보여 주는 첫 사례다. 하나님이 무에서 창조하신 모든 것은 선했다. 아니, "심히" 선했다. 땅과 물, 물고기와 새, 채소와 과일, 남자와 여자까지 모든 것이 선했다.

선하신 하나님이 창조하신 선한 세계

창조 세계의 선함은 전혀 뜻밖의 일이 아니다. 창조 세계는 선하신 하나님이 무에서 창조하신 것이기 때문이다. 하나님의 선한 세상은 성경 곳곳에서 증명되는 하나님 자신의 선하심에서 비롯했다.[2]

하나님의 선하심에 대한 성경 구절을 보자. 우리가 하나님 전에 거하면 그분의 선하심과 인자하심이 평생 우리를 따라다닐 것이다. 시 23:6 하나님께 피하는 자는 복이 있어 "여호와의 선하심을 맛보아 알" 것이다. 시 34:8 성경은 하나님의 존재 자체가 선하실 뿐 아니라 선을 행하신다고 한다. 시편 기자는 이 중요한 사실을 이런 식으로 표현한다. "주는 선하사 선을 행하시오니 주의 율례들로 나를 가르치소서."시 119:68 또한 성경은 모든 좋은 선물이 "빛들의 아버지께로부터" 나온다고 말한다.약 1:17 하나님은 선하실 뿐 아니라 변함없이 선하시다. 하나님은 더 이상 선을 더할 것이 없을 만큼 선하시며, 그분의 선하심은 절대 줄어들지도 않는다. 한마디로, 하나님은 온전히 선하신 분이다. 그분의 선하심은 더하거나 줄일 수 없을 만큼 온전하다.

마지막으로, 하나님의 선하심을 논할 때는 우리가 2장에서 다룬 '하나님의 단순성'의 교리를 기억해야 한다. 하나님은 단순히 선함을 '갖고' 계시지 않다. 하나님께 선함은 얻거나 잃는 것이 아니다. 하나님은 선 자체시다. 하나님의 존재 자체를 선으로 정의할 수 있다.

출애굽기 33장의 기이하면서도 영광스러움이 가득한 본문에서 모세가 하나님 보기를 요청하자 하나님은 모세가 그분의 얼굴을 보면 죽을 것이라고 말씀하신다. 그래서 하나님은 모세를 바위틈에 숨기고 "내 모든 선한 것을 네 앞으로 지나가게" 할 것이라고 말씀하신다.출 33:19 하나님 존재 자체가 선이시다. 하나님이 시내산에서의 그 영광스러운 현장에서 모세 앞을 지나간 것이 '그분의 선하심'이라고 말씀하신 이유다.

창조에 관한 교리와 하나님에 관한 교리를 통해 선하신 하나님이 지으신 선한 세상에서 우리가 살고 있다는 사실을 알 수 있다.

더 깊고 중요한 실재를 갈망하게 하다

하나님의 선하심과 하나님이 창조하신 세상의 선함에 관한 교리는 우리 영혼의 삶이 선해야 하는 강력한 신학적 근거가 된다. 인간으로서 우리는 선을 바라도록 창조되었다. 우리는 하나님의 피조물이고, 하나님은 존재 자체가 선하시며, 우리 인간이 본질적으로 선한 세상 속에서 살고 있기 때문이다. 인간의 영은 선을 갈망한다.

앞서 우리는 '초월적 요소들'에 관해 논했다. 혹시 잊었을까 봐 다시 설명하면, 초월적 요소들은 눈에 보이고 실용적인 존재를 초월하는 것들이다. 모든 인간은 이런 초월적 요소들을 갈망한다. 즉 우리는 선과 아름다움과 진리라는 초월적 실재를 갈망한다. 이 세 가지 실재는 우리를 자신 밖으로 끌어내서 우리 눈앞의 문제들이 세상의 전부가 아니라는 사실을 기억하게 한다.

이 세상에 가득한 선과 아름다움과 진리를 늘 기억하고 찾는 것은 이 땅에서 지혜롭게 사는 데 중요한 부분을 차지한다. 많은 사람이 눈앞의 현실그날의 걱정거리, 돈, 이용할 수 있는 것만 가치 있게 보는 실용적인 세계관에 매몰되어 초월적인 것들을 보지 못하고 있다. 물론 우리는 이런 눈앞의 것들로 인한 심리적 불안정이 지혜롭지 못한 것임을 알고 있다. 그럼에도 우리는 이런 것들 너머의 가장 중요한 것들을 보지 못할 때가 많다. 오해하지는 말라. 눈앞에 있는 것을 '무시하거나 피해야 한다'는 뜻은 전혀 아니다. 물론 그럴 수도 없다. 하지만 우리는 눈앞에 있는 사람들과 처한 장소들을 살피면서도 언제나 우리의 사고를 선과 아름다움과 진리로 채워야 한다. 그런 사람들은 세상이 부러워하는 민감성과 안정성, 참된 지혜를 소유하고 있다.

기독교의 지혜는 단순히 돈을 얼마나 많이 벌 수 있는지, 명성을 얼마나 쌓을 수 있는지, 재물을 얼마나 모을 수 있는지, 찬사를 얼마나 많이 받을 수 있는지가 아닌 그 이상을 바라보는 것이다. 그 지혜는 우리의 시선을 바깥쪽과 위쪽으로, 초월적 요소 같은 더 깊고도 중요한 실재로 향하게 만든다.

이런 갈망이 어디서 오는지를 보면 큰 도움이 된다. 신학은 선을 향한 갈망이 어디서 오는지 알려 줄 뿐 아니라_{하나님에 관한 교리와 창조에 관한 교리} 그 갈망을 키우도록 도와준다. 하나님의 선하심_{하나님의 본성인 선}을 묵상할수록 주변에 가득한 선을 보고 싶은 마음이 더욱 강해진다.

"너무 하늘만 바라보면 이 땅에 유익을 끼치지 못한다"라는 말을 들어 본 적이 있을 것이다. 하지만 나는 이 조언을 뒤집고 싶

다. 우리는 하늘을 먼저 바라보고 하나님의 선하심부터 생각해야
한다. 하나님의 아름다우심과 그 빛나는 영광에 푹 잠겨야 한다.
그러면 주변 세상 속에서 그 선을 보고 행할 수밖에 없다.

지치지 않고 양선을 추구할 연료

선에 관한 신학은 선과 아름다움과 진리를 향한 갈망을 키워
주는 것 외에 또 어떻게 우리 영에 선을 낳는가? 바로 선을 추구하
라는 성경의 숱한 명령을 따르게 한다. 성경은 선한 '존재'에 관한
원대한 비전을 제시할 뿐 아니라 선한 '행동'을 하기 위한 원대한
비전도 제시한다.

베드로전서 3장 13절은 조금 도발적인 질문을 던진다. "너희
가 열심으로 선을 행하면 누가 너희를 해하리요." 갈라디아서 6장
9절은 선을 추구하는 것을 일시적인 명령으로 보지 말고 "선을 행
하되 낙심하지 말지니 포기하지 아니하면 때가 이르매 거두리라"
라고 명령한다. 이 두 성경 구절은 지치지 말고 계속해서 열심히
선을 행하라고 명령한다. 선을 추구하는 일은 평생토록 해야 하
는 일이다. 하나님의 말할 수 없이 크신 선하심에 관한 신학에 붙
들릴 때만이 지치지 않고 선을 행할 연료를 얻게 된다.

지치지 않게 해 주는 이 연료는 미가 6장 8절에서 명령하는

삶을 추구하게 해 준다. "사람아 주께서 선한 것이 무엇임을 네게 보이셨나니 여호와께서 네게 구하시는 것은 오직 정의를 행하며 인자를 사랑하며 겸손하게 네 하나님과 함께 행하는 것이 아니냐."

하나님의 선하심과 아름다우심을 묵상하면 우리 손으로 직접 선을 추구하고 싶은 마음이 솟아난다. 그때 우리가 베푸는 양선의 수혜자는 우리 이웃이어야 한다. 선을 갈망하고 하나님 안에서 선을 맛본 사람으로서 우리는 정의를 행하고 인자를 사랑하며 겸손하게 하나님과 함께 행함으로써 다른 사람들을 위한 선을 추구해야 한다. 창세기 4장 9절의 가인의 물음, "내가 내 아우를 지키는 자니이까" 앞에서 우리는 힘주어 "그렇다!"라고 대답해야 한다. 우리는 형제자매를 지키는 자이며, 그 일을 기꺼이 감당해야 한다. 하나님의 선하심에 푹 잠긴 사람으로서 우리는 주변 사람들을 위해 자신을 한없이 쏟아부어야 한다.

그렇다면 신학에서 비롯한 이웃을 위한 양선은 우리 삶에서 구체적으로 어떻게 나타날 수 있을까?

우리는 말로 이웃의 유익을 추구해야 한다. 에베소서 4장 29절은 이렇게 명령한다. "무릇 더러운 말은 너희 입 밖에도 내지 말고 오직 덕을 세우는 데 소용되는 대로 선한 말을 하여 듣는 자들에게 은혜를 끼치게 하라." 이 책에서 일관되게 나타난 한 가지 주제는 말의 중요성이었다. 여기서도 크게 다르지 않다. 우리는 선한 말로 이웃에게 유익을 끼칠 수 있다.

우리가 하는 말이 어떻게 이웃을 바라보는 우리 시각을 드러내는가? 입만 열면 이웃을 무시하는가? 자신의 우월성을 주장하기 위해 이웃의 단점을 폭로하는가? 아니면 말로 주 안에서의 형제자매를 세워 주는가? 우리가 하는 말에서 다른 사람들이 생명을 발견하는가? 우리가 하는 말에서 다른 사람들이 생명의 떡 부스러기를 발견할 수 있는가? 우리는 비방, 깔봄, 물어뜯는 빈정거림, 유익하지 않은 비판, 상처를 주는 과장을 멀리하고 언어 생활에서 이웃 사랑을 추구해야 한다. 하나님은 우리에게 혀라는 강력한 도구를 주셨다. 이 도구를 다른 사람들의 유익과 하나님의 영광을 위해 사용하기를 바란다.

우리는 시간과 재물로 이웃의 유익을 추구해야 한다. 사실, 이 말은 지극히 당연하다. 성경은 이것을 분명히 명령하고 있기 때문이다. "옷 두 벌 있는 자는 옷 없는 자에게 나눠 줄 것이요 먹을 것이 있는 자도 그렇게 할 것이니라."눅 3:11 우리의 재물과 시간은 우리 것이 아니다. 다른 모든 것과 마찬가지로 하나님께 속한 것이다. 나아가, 우리의 시간과 재물은 선을 위한 강력한 도구가 될 수 있다. 하나님은 우리를 이웃과 동떨어진 고립의 삶으로 부르시지 않았다. 하나님은 우리를 축재의 삶으로 부르시지도 않았다. 하나님은 우리를 후히 베푸는 삶으로 부르셨으며, 우리의 시간과 재물은 그런 삶을 위한 중요한 수단이다.

우리는 정의 추구로 이웃의 유익을 추구해야 한다. 선을 추구할 때 무엇이 '진짜 선'인지를 잘 분별해야 한다. 우리는 이사야 5장에서 언급한 사람들처럼 되지 말아야 한다. "악을 선하다 하며 선을 악하다 하며 흑암으로 광명을 삼으며 광명으로 흑암을 삼으며 쓴 것으로 단것을 삼으며 단것으로 쓴 것을 삼는 자들은 화 있을진저."20절 세상의 악한 것을 "선하다" 하지 말고 "정의를 물같이, 공의를 마르지 않는 강같이 흐르게" 함으로써 선을 추구해야 한다. 암 5:24

그리스도인으로서 우리의 사고를 '선'으로 채우면 정의에 관심을 쏟는 삶으로 이어진다. 학대와 소외, 푸대접을 받는 이들에게 선을 베풀게 된다. 신명기 10장 17-19절에서 우리 하나님을 어떻게 묘사하는지 보라. "너희의 하나님 여호와는 신 가운데 신이시며 주 가운데 주시요 크고 능하시며 두려우신 하나님이시라 사람을 외모로 보지 아니하시며 뇌물을 받지 아니하시고 고아와 과부를 위하여 정의를 행하시며 나그네를 사랑하여 그에게 떡과 옷을 주시나니 너희는 나그네를 사랑하라 전에 너희도 애굽 땅에서 나그네 되었음이니라." 우리 하나님처럼 우리도 고아와 과부, 나그네를 위하는 삶을 살아야 한다.

우리는 복음으로 이웃의 유익을 추구해야 한다. 우리의 시간과 재물도 중요하지만 그보다 더 중요한 것, 아니 우리가 이웃에게 줄 수 있는 가장 중요한 것은 복음이다. 이웃이 목마른 것을 보고도 물을 주지 않으면 그것도 나쁘지만 이웃이 죽어 가는 것을 보고도 생명의 물을 주지 않는 것은 더 나쁘다!

시편 25편 7절에서 시편 기자는 이렇게 호소한다. "여호와여 내 젊은 시절의 죄와 허물을 기억하지 마시고 주의 인자하심을 따라 주께서 나를 기억하시되 주의 선하심으로 하옵소서." 하나님의 선하심으로 인해 우리 죄는 예수님의 죽음을 통해 사해졌다. 이 선함을 경험했다면 그 선함을 다른 사람들에게 전하지 않을 수 없다. 이웃의 유익을 위한다면 그들이 보화 중의 보화인 예수 그리스도를 얻도록 온 힘을 쏟아야 할 것이다.

'봄'에서 '행함'으로 이어지는 질서

크리스토퍼 홈즈Christopher R. J. Holmes는 이렇게 말했다. "하나님의 선하심을 경험하면 영적 기쁨이 솟아난다."[3] 우리 모두가 이렇게 되기를 소망한다. 신학은 하나님 그리고 그분과 관계된 모든 것을 연구하는 것이다. 따라서 기독교 신학을 하면 선한 것을 한가득 보게 된다. 하나님과 그분의 선하심을 묵상하면 선을 보고 그 선을 행할 수밖에 없다.

우리 모두가 머리로 선을 묵상함으로, 손으로 양선을 추구하게 되기를 바란다. 우리가 하나님이 지으신 선한 세상과 하나님

의 선하심에 관한 신학을 탐구할 때 우리 안에 양선이라는 성령의
열매가 맺히기를 소망한다.

FAITHFULNESS

8

깊은 신학의 샘에서 길어 올린
순전한 충성으로

그리스도인이라면 누구나 주님이 산 자와 죽은 자를 심판하기 위해 돌아오실 마지막 날, 우리 왕께 "잘하였도다 착하고 충성된 종아"라는 칭찬을 듣고 싶어 할 것이다.^{마 25:23} 심판의 날에 충성했다는 마지막 선언을 듣기 전까지 아직 우리 앞에는 충성을 증명해 보여야 할 날들이 남아 있다.

충성^{faithfulness}[신실]은 우리 평생 부침을 거듭하는 성령의 열매다. 어떤 날은 하나님과 그분의 부름에 충성을 다하다가도 어떤 날은 한없이 부족한 모습을 보인다. 가장 충성스러운 분의 형상을 닮기 위해 성화되어 가는 동안^{고후 3:18} 우리는 충성의 학교에서 최대한 많은 선생을 만나야 한다. 그리스도를 따라가는 길, 그분처럼 거룩해지기 위한 길^{레 19:2; 벧전 1:16} 즉 충성의 길은 인내를 요한다. 이 모험에서도 신학은 중요한 역할을 맡을 수 있다.

신학과 충성의 관계를 많은 측면에서 탐구할 수 있지만 여기서는 두 가지 면에 초점을 맞추고자 한다. 충성이라는 성령의 열매를 맺는 길에서 기독교 신학은 두 가지 방식으로 우리를 도와줄 수 있다. 첫째, 신학은 하나님의 신실하심을 '기억나게' 한다. 둘째, 신학은 우리의 충성을 '강화'해 준다.

하나님의 신실하심을 기억하다

"이 돌들은 무슨 뜻이냐."^{수 4:6} 이스라엘 백성은 열두 개의 돌로 구성된 기념비를 세워 하나님께 바치면서 훗날 자녀들이 이런 질문을 하기를 바랐다. 구약성경에서 하나님은 이스라엘 백성에게 준비하고 계신 약속의 땅으로 향하라고 명령하셨다. 그 땅으로 가는 도처에는 수많은 장애물이 도사리고 있었다. 그중 하나가 요단강이라는 물리적 장애물이었다. 첫 번째 리더 모세의 죽음 이후 이스라엘 백성은 여호수아를 따라 하나님이 약속하신 땅으로 향했다. 그 여정에서 요단강은 예기치 못한 걸림돌이었다. 약속의 땅에 이르기 위해서는 이 강을 건널 방법을 찾아야 했다.

이스라엘 백성이 요단강둑에 이르러 앞길을 막고 있는 거대한 물줄기를 대면했을 때 하나님이 막힌 물길을 뚫어 주셨다. 성경은 하나님이 흘러내리던 물을 "일어나 한곳에 쌓이"게 하신 덕분에 이스라엘 백성이 마른 땅 위로 강을 건널 수 있었다고 말한다.^{수 3:16} 하나님이 행하신 이 기적의 역사 덕분에 모든 이스라엘 백성이 마른 땅 위를 걸어서 요단강을 건널 수 있었다.

온 백성이 아무런 문제 없이 강을 건넌 뒤에 여호수아는 열두 지파를 대표하는 열두 명에게 강 가운데로 들어가 여호와의 궤 앞으로 가서 돌 하나씩 가져오게 하라는 명령을 하나님께 받았다. 지시대로 열두 명은 각자 큼지막한 돌을 어깨에 하나씩 짊어졌다. 이스라엘 백성은 그 돌로 요단강을 무사히 건너 약속의 땅으로 인도하신 하나님의 신실하심을 기억할 기념비를 세웠다.

이스라엘 백성은 그들의 자녀가 언젠가 커서 부모에게 "이 돌들은 무슨 뜻이냐"고 물으면 이렇게 하라는 지시를 받았다. "그들에게 이르기를 요단 물이 여호와의 언약궤 앞에서 끊어졌나니 곧 언약궤가 요단을 건널 때에 요단 물이 끊어졌으므로 이 돌들이 이스라엘 자손에게 영원히 기념이 되리라 하라."수 4:7

이 열두 개의 돌은 단순히 돌 그 이상의 의미였다. 그것은 아무런 희망조차 보이지 않을 때 하나님이 길을 열어 주셨다는 사실을 이스라엘 백성 자자손손에게 상기시켜 줄 기념비였다.

잘 잊어버리는 사람들 -

안타깝게도 우리는 잘 잊어버리곤 한다. 열두 개의 돌 이야기는 주일학교에서 아이들 교육용으로 자주 사용되지만 우리 어른들도 일종의 기념비가 절실히 필요하다.

이것이 성경에서 '기억하라'는 표현을 그토록 자주 사용하는 이유다. 사실, 성경 전체가 마치 샌드위치마냥 하나님과 그분이 그분의 백성을 위해 행하신 일을 기억하라는 비슷한 두 명령 사이에 끼어 있다. 성경의 앞부분인 신명기 6장에서 모세는 하나님의 백성들에게 이렇게 지시한다. "너는 조심하여 너를 애굽 땅 종 되었던 집에서 인도하여 내신 여호와를 잊지 말고."신 6:12 성경의 거의 뒷부분인 유다서에서도 이 명령이 다시 등장한다. "너희가 본래 모든 사실을 알고 있으나 내가 너희로 다시 생각나게 하고자 하노라 주께서 백성을 애굽에서 구원하여 내시고 후에 믿지 아니하는 자들을 멸하셨으며."유 1:5 성경 이야기의 초반부인 신명기에서 거의 끝인 유다서에 이르기까지 하나님의 백성은 되새기는 작업이 계속 필요한 사람들이다.

우리 인간은 수만 가지 걱정거리를 너무나 잘 기억하는 놀라운 능력을 지니고 있다. 하지만 하나님의 신실하심은 지적 건망증에 시달릴 정도로 잊어버리곤 한다. 우리의 머리는 충성의 길에 도움이 되지 않는 것들을 기억하는 데는 놀라우리만치 뛰어나다. 반면, 하나님의 성품이 선하시고 우리를 향한 그분의 행동도 선하다는 사실을 '기억하기' 위해서는 보다 적극적인 훈련이 필요하다. 우리의 생각이 여기저기 떠돌다가 하나님의 신실하심에 이르는 경우는 거의 없다. 우리 사고의 시선을 하나님의 영광에 고정하려면 보다 강화된 훈련이 필요하다.

요단강을 건너 약속의 땅으로 들어간 이스라엘 백성처럼 우리도 여행하는 내내 하나님의 신실하심을 기억하게 해 주는 뭔가가 있어야 한다. 바로 이 부분에서 '신학'이 중요한 역할을 할수 있다.

교리라는 은혜의 돌무더기 -

요단강둑에 쌓였던 그 열두 개의 돌처럼 신학은 하나님의 신실하심을 기억하게 해 주는 기념비 역할을 해 줄 수 있다. 신학에서 기독교 신앙의 각 가르침을 흔히 '교리'라 부른다. 하나님의 백성으로서 우리에게는 하나님의 신실하심을 기억하게 해 주는 교리들이 무수히 많다.

하나님의 신실하심을 기억하게 해 주는 '돌' 중 하나는 '전가된 의imputed righteousness'의 교리다. 가장 기본적인 형태에서 '전가된 의'의 교리는 예수님이 삶과 죽음을 통해 우리를 위해 '구원에 필요한 의'를 얻으셨으며, 우리가 그분과 연합할 때 우리에게 그 의를 주시는 현실을 다룬다.

앞서 살폈듯이 우리는 우리가 지닌 허물과 죄로 죽었다. 우리 모두는 하나님의 영광에 이르지 못하는 죄인에 불과했다. 우리 모두는 첫 부모인 아담과 하와처럼 금지된 죄의 열매를 베어 물었다. 우리 모두는 하나님께 반역해 의의 영광스러운 자유를 종살이의 속박과 맞바꾸었다. 참된 집을 떠나 죽음으로 향하는 길에 들어선 우리는 하나님과 불화하고 우리 마음은 점점 돌처럼 굳어져 갔다. 우리는 죄와 수치의 절망적인 상태에 빠졌다.

하지만 하나님은 우리의 절망적인 상태를 보시고 내버려 두지 않으셨다.

하나님은 도망치는 우리를 보시고 "천국의 사냥개"처럼 우리를 끈질기게 사랑으로 추격하셨다. 하나님은 곧 거룩 자체이시므로 우리의 악함과 반역을 그냥 모르는 체 넘어가지 않으셨다. 그분은 거룩하시기에 우리가 죄책감을 그대로 품은 채 에덴동산으로 다시 들어가도록 허락하실 수도 없다. 하나님은 불의한 자들과 함께하실 수 없기에 우리의 궁극적인 소망이 우리의 선하신 왕과 영원히 함께하는 것이라면 우리에게는 반드시 '의'가 필요하다.

그리하여 삼위일체 하나님의 두 번째 위이신 예수 그리스도가 이 세상에 오셨다. 예수님은 "임마누엘하나님이 우리와 함께 계시다"이시며, 우리 의의 유일한 소망이시다. 사 7:14; 마 1:23 예수님은 육신을 입고서 아버지 하나님과 그분의 법에 완벽히 순종하는 삶을 사셨다. 예수님은 이 땅에서의 모든 순간을 온전하게 보내셨다. 그분에게서는 그 어떤 잘못된 생각, 잘못된 행동, 잘못된 말도 나오지 않았다. 예수 그리스도가 육신을 입고 이 땅에 오시기 전까지 온 인류의 역사는 처음부터 계속해서 불순종의 역사였다.

예수님은 의에 대한 율법의 조건을 충족시킬 수 없는 우리의 절망적인 상태를 보시고 스스로 그 조건을 충족시키셨다. 그런데 그분이 의에 대한 율법의 조건을 충족시키신 후 그 공로를 홀로 간직하셨다면 우리로서는 딱히 복된 소식이 아닐 것이다. 예수님은 온전한 삶에 대한 상으로 계속해서 완벽한 복과 영광을 누리실 수 있었다. 하지만 우리의 수의를 벗기시고 그분의 의의 예복을 입혀 주심으로, 우리의 불순종에 대한 형벌을 그분이 대신 받으시고 그분의 의에 대한 상을 우리가 받게 되었다. 이제 그리스도의 의는 우리 것이기에 우리는 하나님의 자녀다. 우리는 반갑지 않은 외인으로서가 아니라 가족의 한 사람으로 입양되어 이제 귀히 여김을 받는 자녀로서 하나님께 나아갈 수 있다. 우리는 그리스도의 의를 받은 덕분에 하나님의 보좌로 담대히 나아갈 수 있다. 아버지께서 이제 그 아들을 외면하시지 않을 것이고, 우리는 그 아들과 온전히 연합했기 때문이다.

이것이 신학자들이 '전가된 의'라고 부르는 교리에 관한 간단한 정리다. 이 간단한 정리를 통해서도 이 교리가 우리를 향한 하나님의 신실하심을 기억나게 해 주는 기념비 역할을 한다는 점을 분명히 볼 수 있다. 여호수아 시대 이스라엘 백성의 자녀가 부모에게 "이 돌들은 무슨 뜻이냐"고 물었던 것처럼 우리도 기독교 신학을 형성하는 아름다운 교리들을 탐구하며 "이 교리들이 무슨 뜻이냐"고 물어야 한다.

이번 장의 목표는 이 질문에 대한 답이 이스라엘의 여느 부모가 자녀에게 들려준 답과 전혀 다르지 않다는 점을 보여 주는 것이다. 즉 우리가 기독교 교리들을 생각하고 그 내용의 아름다움을 묵상해야 하는 것은 그 안에 하나님이 그분의 신부를 얻기 위해 행하신 수만 가지 은혜의 역사가 담겨 있기 때문이다.

열두 개의 돌을 쌓은 그 돌무더기는 이스라엘 백성이 약속의 땅에 도착할 때까지 하나님의 역사를 기억하게 도와주는 역할을 했다. 마찬가지로 우리는 우리 자신의 약속의 땅에 이를 때까지 하나님의 진리를 부여잡으며 그분의 신실하심을 기억해야 한다. 앞으로 수 세대가 오고 갈 것이다. 그렇게 세대가 바뀔 때마다 우리는 교리의 돌무더기를 가리키며 우리 아이들에게 하나님의 신실하심을 가르쳐야 한다.

내 충성을 강화하다

신학은 하나님의 신실하심을 강하게 상기시켜 준다. 하지만 신학은 하나님이 '과거에' 보여 주신 신실하심을 상기시키는 것만이 아니라, '현재와 미래에' 우리의 충성을 강화시켜 주는 측면에서도 가치가 있다. 그렇다면 신학이 그리스도를 따르는 우리의 충성을 어떻게 강화시켜 줄까? 개인적인 이야기를 통해 설명해 보겠다. 해외 선교에 동참하도록 사람들을 설득하는 두 상황을 비교해 보겠다.

첫 번째 상황, 나는 어느 모임에서 6개월간의 해외 선교를 위해 후원금을 모으려는 친구의 프레젠테이션을 듣고 있다. 후원금은 조만간 목표 금액을 코앞에 두고 있다. 그는 파워포인트 슬라이드를 사용하여 자신의 팀이 가려는 곳의 지독한 가난을 보여 주었다. 슬라이드가 바뀔 때마다 굶주림으로 배가 볼록하게 나온

아이들 사진과 이 벽촌의 생필품 상황에 관한 통계 숫자가 나타났다. 프레젠테이션은 사람들의 마음을 움직여 목표한 만큼 후원금을 효과적으로 모았다. 그러나 그날 밤 마음의 부담없이 그 모임 장소를 떠난 사람은 아무도 없었을 것이다. 며칠 내내 내 머릿속을 떠나지 않을 만큼 사진과 통계 숫자를 떨쳐 내기란 쉽지 않았다.

두 번째 상황은 내가 J. I. 패커Packer의 역작 《하나님을 아는 지식Knowing God》을 처음 읽었던 무렵 일어난 일이다. 그 책에서 패커는 그리스도인들이 자신보다 다른 사람들을 더 중요하게 여기는 "크리스마스 정신"을 매일같이 품어야 한다고 주장했다.

> 크리스마스 정신은 속물 그리스도인에게서는 빛나지 않는다.
> 크리스마스 정신은 자신의 주인이 그러셨던 것처럼, 동료
> 인간들이 부요해지도록 자신의 것을 쓰고 또 쓰임을 받으면서
> 가난해진다는 원칙에 따라 사는 사람들의 정신이다. 그것은 자기
> 친구들만이 아니라 필요한 모든 사람을 섬기기 위해 시간을
> 들이고 수고하고 돌보고 관심을 쏟아 주는 사람들의 정신이다.[1]

대학교 1학년 때 처음 이 글을 읽고 마음 깊은 곳에서 깊은 울림이 있었다. 우리가 기꺼이 "동료 인간들이 부요해지도록 자신의 것을 쓰고 또 쓰임을 받으면서 가난해"질 때 그 삶이 어떤 모습으로 세상에 비칠지에 대한 깊은 확신이 들었다.

이 인상적인 글은 빌립보서 2장을 떠올리게 했다. 바울은 빌립보 교회 교인들에게 보내는 이 편지의 두 번째 장을 이런 지시로 시작한다. "그러므로 그리스도 안에 무슨 권면이나 사랑의 무슨 위로나 성령의 무슨 교제나 긍휼이나 자비가 있거든 마음을 같이하여 같은 사랑을 가지고 뜻을 합하며 한마음을 품어."1-2절 계속해서 바울은 그리스도의 본을 따르면 이 명령을 지킬 수 있다고 말한다.

> 아무 일에든지 다툼이나 허영으로 하지 말고 오직 겸손한
> 마음으로 각각 자기보다 남을 낫게 여기고 각각 자기 일을
> 돌볼뿐더러 또한 각각 다른 사람들의 일을 돌보아 나의 기쁨을
> 충만하게 하라 너희 안에 이 마음을 품으라 곧 그리스도 예수의
> 마음이니 그는 근본 하나님의 본체시나 하나님과 동등됨을 취할
> 것으로 여기지 아니하시고 오히려 자기를 비워 종의 형체를
> 가지사 사람들과 같이 되셨고 사람의 모양으로 나타나사 자기를
> 낮추시고 죽기까지 복종하셨으니 곧 십자가에 죽으심이라
> 이러므로 하나님이 그를 지극히 높여 모든 이름 위에 뛰어난
> 이름을 주사 하늘에 있는 자들과 땅에 있는 자들과 땅 아래에
> 있는 자들로 모든 무릎을 예수의 이름에 꿇게 하시고 모든 입으로
> 예수 그리스도를 주라 시인하여 하나님 아버지께 영광을 돌리게
> 하셨느니라.3-11절

여기서 바울이 빌립보 교회 교인들에게 하는 말은 "크리스마스 정신"을 품으라는 패커의 촉구와 맥을 같이한다. 바울은 그리스도를 "근본 하나님의 본체"시면서도 "자기를 비워" "종의 형체"를 가지신 분으로 묘사한다. 그리스도는 죽기까지, 심지어 십자가에 달려 죽기까지 자신을 비우고 낮추셨다.

그리스도는 "크리스마스 정신"의 가장 완벽한 본보기시다. 그리스도는 형제자매들의 유익을 위해 자신의 것을 쓰고 쓰임을 받는다는 원칙에 따라 산 사람의 궁극적인 예시다. 그리스도는 처음부터 끝까지 하나님의 본체시지만 니케아신조대로 그분은 창조되지 않고 나신 영원한 아들이시다 자신을 낮춰 인간의 몸을 입으셨다. 우리는 이 것을 '성육신incarnation'의 교리라 부른다. 그리스도는 진정한 하나님이시면서도 육신을 입고 종의 형체를 가져 진정한 인간이 되셨다. 그리스도는 우리가 그분의 의와 은혜로 부요해지도록 육신을 입고 가난해지셨다.

내가 이런 아름다운 진리를 묵상할 당시 한 친구가 해외 선교에 거룩한 부르심을 느꼈다. 그는 '성육신'의 교리 그리스도가 자신의 권리를 누리는 대신 우리의 절망적인 상태를 보시고 우리의 망가진 삶 속으로 내려오신 사건 를 선교의 모델로 보았다. 그는 미국에 머물 수도 있었다. 편안한 국내에서 좋은 목회 자리를 맡아 자신의 교회를 대형 교회로 키우는 일에 몰두할 수도 있었다. 하지만 '성육신'의 교리는 좋은 의미에서 그를 끈덕지게 괴롭혔다. 그는 삼위일체의 두 번째 위께서 육신을 입고 우리의 필요를 채워 주신 놀라운 행동을 본받아 자신도 모든 권리를 포기하고 세상 어디로든 가서 삶이 힘겨운 사람들을 돕고 싶어졌다.

이렇듯 신학은 실제로 그리스도에 대한 그의 충성을 강화해 주었다. 기아에 허덕이는 사진들에서 시작된 첫 번째 상황을 폄하할 생각은 추호도 없다. 세상의 불의를 보고 뭔가 하기로 마음을 먹는 것도 적절하고 좋은 실천이라 생각한다. 하지만 해외 선교에 관한 이 두 이야기를 돌아볼수록 두 번째 상황이 주를 이루어야 한다는 생각을 떨칠 수 없다.

비참한 사진이나 안타까운 통계에서 비롯한 죄책감과 고통이 우리를 선교 현장으로 데려가는 데 충분할지도 모른다. 하지만 죄책감과 고통만으로는 선교 사명을 '끝까지' 이어 갈 수 없다. 오직 신학을 통해 복음의 메시지를 정확히 이해해야만 끝까지 선교의 사명을 감당할 수 있다. 우리의 충성이 평생에 걸쳐 점점 더 강해지려면 우리가 하나님과 화목하도록 의로우신 예수 그리스도가 친히 육신을 입으셨다는 복음이 필요하다.

마시고 또 마셔도 좋은 진리의 샘

물론 선교는 그리스도를 따르는 길에서 신학이 어떻게 우리의 충성을 강화하는지 보여 주는 한 측면일 뿐이다. 사실, 신학하는 삶은 그리스도인의 삶의 모든 측면에서 충성을 강화해 준다. 하나님 그리고 그분과 관계된 모든 것을 묵상하는 삶은 가치 있는 삶이다. 그렇게 하면 하나님이 신실함을 증명해 보이신 사건들을 기억할 뿐 아니라, 그분을 따르는 길에서 우리의 충성이 강화되기 때문이다. 따라서 선교, 사업, 교육, 양육, 목회, 의료 등 우리가 어떤 분야에 있든 기독교 신학은 우리가 남은 평생 충성을 강화하기 위해 마시고 또 마셔야 하는 샘이 될 수 있다.

이번 장을 마치기 전에 우리가 이번 장에서 논한 충성의 두 가지 측면이 직접적으로 연관되어 있다는 점을 짚고 넘어가야 한다. 신학은 삶의 모든 측면에서 우리의 충성을 강화시켜 준다. 하지만 이스라엘 백성처럼 우리 또한 잘 잊어버리는 사람이므로 하나님의 진리를 되새기고 또 되새겨야 한다.

이 책에서 나는 여러 번 신학을 기쁨의 샘으로 불렀다. 모든 샘이 그렇듯 신학은 우리가 끊임없이 찾아가야 할 샘이다. 우리는 하나님에 관해서 열심히, 또 자주 읽는 사람들이 되어야 한다. 하나님에 관해서 깊이, 또 넓게 읽는 사람들이 되어야 한다. 아름다운 신학의 깊은 샘에서 길어 마실 때마다 우리를 향한 하나님의 신실하심을 기억하고, 그래서 그분을 향한 우리의 충성이 강화될 수 있기 때문이다.

GENTLENESS

9

깊은 신학의 샘에서 길어 올린
순전한 온유로

이 땅은 거꾸로 뒤집혀 있다. 우리는 우리를 둘러싼 환경을 제대로 읽고 있다고 생각하지만 하나님 나라에 눈뜨면 '정상'처럼 보이는 수많은 것이 '진짜 현실'과 오히려 정반대임을 깨닫게 된다.

《기도의 골짜기》*The Valley of Vision*라는 청교도 기도문 모음집에서 이 관점을 아주 잘 표현했다. 과거 성도들의 기도문을 엮은 이 모음집의 첫 번째 기도문은 제자리를 찾은 '진짜 세상'의 현실이 어떠한지 가르쳐 주는 좋은 선생 역할을 한다.

> 내려가는 길은 올라가는 길이고,
>
> 낮아지는 것은 높아지는 것이고,
>
> 상한 심령은 치유된 심령이고,
>
> 통회하는 영은 기뻐하는 영이고,
>
> 회개하는 마음은 승리하는 마음이고,
>
> 가진 것이 아무것도 없는 것은 모든 것을 가진 것이고,
>
> 십자가를 지는 것은 왕관을 쓰는 것이고,
>
> 주는 것은 받는 것이고,
>
> 골짜기는 비전의 자리라는 역설을
>
> 나로 깨닫게 하소서.[1]

예수님은 이 땅이 지금은 뒤집힌 시각으로 가득하지만 언젠가 그리스도의 나라가 임할 때 이 모든 것이 올바로 바로잡힐 것이라

고 가르치신다. 그 나라에서는 "먼저 된 자로서 나중 되고 나중 된 자로서 먼저 될" 것이다.[마 19:30] 이 땅에서는 '강한 자'가 우두머리 되는 것이 당연하다고 여긴다. 강한 힘과 끈질긴 결단력을 지닌 사람이 이 세상에서 원하는 것을 얻는다. 무슨 수를 써서라도 이겨야 한다는 태도가 만연해 있다. 사람들은 원하는 목표를 이루기 위해서라면 더 강하게 힘을 키우고, 방해되는 것은 그것이 무엇이든 부서뜨리려고 한다. 하지만 성경은 온유한 자가 땅을 물려받는 정반대 나라를 그리고 있다.[마 5:5; 시 37:11]

모든 것이 제자리를 찾은 그 나라에서는

복음은 우리를 거듭나게 함으로써 우리의 시각을 완전히 바꿔 놓는다. 세상이 실제로 돌아가는 방식을 제대로 보지 못하도록 우리의 시각을 가리는 휘장이 있다. 예수님의 역사는 이 휘장을 둘로 가르고 높아지는 길이 곧 낮아지는 길이라는 진실을 보게 해 준다. 복음은 눈먼 자를 눈뜬 자로 변화시킨다. 복음은 올바로 제자리를 회복한 영광스러운 나라를 볼 수 있도록 우리에게 하나님 나라의 시각을 선사한다.

신학은 우리가 매일같이 보는 것을 새롭게 보도록 만든다. 일종의 시력 교정 역할을 하는 셈이다. 신학은 우리에게 근시안을 진단하고 하나님 나라 렌즈를 처방한다. 하나님 나라와 그 나라의 왕을 제대로 알고 나면 휘장에 가려진 '진짜 현실'을 보게 된다. 눈앞에 있는 것이 진짜처럼 보이고 또 그렇게 느껴지지만 실상은 그렇지 않다.

예를 들어, 인생에서 자아실현이 가장 중요하다는 말은 진실이 아니다. 약함이 피해야 할 문제라는 말도 진실이 아니다. 우리가 하나님 나라 시민으로서 사는 삶에 관해 생각할 때 신학은 거짓의 신기루를 걷어 내고 선과 아름다움과 진리를 보여 준다.

하나님 나라의 시각으로 세상의 마지막이 결국 시작이라는 세상의 실체를 보게 되면 온유gentleness가 약함이 아닌 강함이라는 사실을 깨닫게 된다. 하나님 나라의 윤리는 우리에게 위대해지는 길이 힘의 길이 아니라 온유의 길이라는 점을 가르쳐 준다. 다시 말하지만 이 땅을 물려받는 사람은 힘이 센 사람이 아니라 '온유한' 사람이다. 하나님 나라의 윤리와 신학은 이 거꾸로 뒤집힌 세상을 다시 제자리로 뒤집어 준다.

그 나라의 왕 -

하나님 나라의 신학을 배우면 그 나라의 왕, 의로우신 예수 그리스도께로 자연스레 시선이 향한다. 하나님 나라에서 사는 삶에 관한 교훈을 얻기 위해 그리스도께로 시선을 돌리면 온유가 눈에 들어온다.

물론 예수님이 이 땅에서 사역하시는 동안 의로운 분노를 불같이 발하며 행동하신 적도 있다. 예수님이 '온유'로만 행동하신 것은 아니다. 하지만 예수님의 행동과 그분이 하신 말씀을 자세히 들여다보면 기본적인 태도는 온유와 자비였다는 점을 볼 수 있다.

사실, 마태복음에서 예수님은 '그분의 마음'그분의 존재 자체와 영의 내적 구조에 관해 직접 이렇게 말씀하셨다. "나는 마음이 온유하고 겸손하니 나의 멍에를 메고 내게 배우라 그리하면 너희 마음이 쉼을 얻으리니."마 11:29 데인 오틀런드Dane Ortlund는 이 놀라운 구절에 관해 다음과 같이 말했다.

> 하나님의 아들이 베일을 걷고 그분 존재의 중심을 엿보게 해
> 주시는 유일한 성경 구절은마 11:28-30 그분의 "마음이 엄격하고
> 까다로우니"라고 말하지 않는다. 그분의 "마음이 고귀하고
> 위엄이 있으니"라고도 말하지 않는다. 심지어 그분의 "마음이
> 기뻐하고 후하니"라고도 말하지 않는다. 예수님 스스로 하시는
> 뜻밖의 주장은 그분의 "마음이 온유하고 겸손하니"라는 것이다.[2]

예수님의 온유하심을 탐구할 때 그분이 진정한 인간일 뿐 아니라 진정한 하나님이셨다는 사실을 떠올리면 감동이 배가된다. 잊지 말라. 자신의 마음이 "온유하고 겸손하니"라고 말씀하신 분은 그 순간 "능력의 말씀으로 만물을" 붙들고 계셨던 바로 그분이

다.^{히 1:3} 세상을 상대로 힘으로 이길 수 있는 분이 있다면 그분이 바로 예수님이실 것이다. 하지만 예수님은 힘이 아닌 온유함으로 사역하셨다.

예수님의 사역을 보면 하나님 나라에서는 '힘'과 '온유'의 가치가 나란히 놓여 있지 않다는 사실을 배울 수 있다. '온유'에 힘이 있다. 예수님의 오심으로 찾아온 우주적 결과를 잠시 생각해 보자. 마태복음과 누가복음에서 예수님의 탄생에 관해 읽어 보면 그분의 탄생이 힘과는 거리가 있었다는 사실을 금방 알아차릴 수 있다.^{마 1:18-25; 눅 2:1-15} 예수님은 아무도 주목하지 않는 마을^{나사렛 갈릴리}과 천하고 낮은 환경에서 특별할 것 없어 보이는 부모^{요셉과 마리아}에게서 태어나 구유에 누이셨다. 예수님 탄생 이야기에서 "나는 세상을 바꾸러 왔다. 오늘 나의 도착으로 모든 것이 달라질 것이다"라는 외침은 전혀 들리지 않는다. 하지만 실제로는 세상 모든 것이 달라졌다.

이스라엘을 구원하기 위해 오신 예수님은 기사가 입을 법한 갑옷을 입거나 말에 올라타서는 군대를 지휘하거나 하시지 않았다. 그분은 근육질 몸매의 힘센 인물로서 오시지도 않았다. 검을 들고 고함을 지르며 오시지도 않았다. 그분은 의지할 곳 하나 없는 아기로 오셨다. 구유에 누이신 온 우주의 왕. 이 이야기는 힘이 없는 온유로 시작되었다.

온유로 탄생한 예수님은 죽는 순간까지도 온유한 모습이셨다.

'온유하고 겸손한' 마음으로 사셨던 예수님은 반역자로서 로마의 십자가에 못 박히셨다. 로마의 십자가형이라는 잔혹하고도 비인간적인 처형을 당하시는 와중에도 그분의 온유하심은 여전했다. 그분이 그 십자가에 달리셨을 때 "그 입에 거짓도 없으시며,"[벧전 2:22] 온갖 더러운 욕을 들으면서도 "맞대어 욕하지 아니하시고,"[벧전 2:23] 손과 발에 못이 박히고 창이 옆구리를 찌르는 중에도, 그 처절한 고난과 고통의 순간에도, 그분은 그분의 "능력의 말씀"으로 온 우주를 떠받치고 계셨다.

예수님은 단 한마디만으로도 자신이 매달려 있는 나무와 자신에게 가시관을 씌운 병사들을 쓰러뜨리실 힘이 충분하셨다. 하지만 그분은 이 권리를 주장하시는 대신 계속해서 온유의 길을 걸으셨다.

하지만 이 내러티브의 끝 무렵에 이르러서 우리는 온유와 힘 사이의 역설적인 관계를 볼 수 있다. 온유로 시작한 것이 결국 힘으로 끝날 것이기 때문이다. 이것이 하나님 나라의 운영 방식이다. 처음 예수님의 오심은 구유에서 초라한 모습으로 이루어졌지만 다시 오심은 권능과 장엄한 행렬 가운데 이루어질 것이다. 요한계시록에서 영광스럽고도 놀라운 왕의 귀환을 엿볼 수 있다.

또 내가 하늘이 열린 것을 보니 보라 백마와 그것을 탄 자가
있으니 그 이름은 충신과 진실이라 그가 공의로 심판하며
싸우더라 그 눈은 불꽃 같고 그 머리에는 많은 관들이 있고 또

이름 쓴 것 하나가 있으니 자기밖에 아는 자가 없고 또 그가 피

뿌린 옷을 입었는데 그 이름은 하나님의 말씀이라 칭하더라

하늘에 있는 군대들이 희고 깨끗한 세마포 옷을 입고 백마를

타고 그를 따르더라 그의 입에서 예리한 검이 나오니 그것으로

만국을 치겠고 친히 그들을 철장으로 다스리며 또 친히 하나님

곧 전능하신 이의 맹렬한 진노의 포도주 틀을 밟겠고 그 옷과

그 다리에 이름을 쓴 것이 있으니 만왕의 왕이요 만주의 주라

하였더라.계 19:11-16

하나님 나라의 신학은 거꾸로 뒤집혀 돌아가는 세상을 향해 진
정한 힘이 온유하고 겸손한 분께 있다고 선포한다. 누가복음 2장
의 그 온유한 아기는 자라서 요한계시록 19장의 강력한 왕이 되
신다. 이제 우리는 그분이 온유와 힘 모두를 통해 세상의 권력자
들과 통치자들을 정복하고 계신다는 사실을 알고 있다.

온유한 혀, 온유한 성미

우리가 신학의 샘에서 온유를 길어 올리고 그 온유를 삶 속에
적용하면 구체적으로 어떤 모습이 나타날까? 우리 왕 예수 그리
스도가 보이신 것처럼 온유 속에 힘이 있다는 사실을 진정으로 믿

는다면 우리는 어떤 말과 행동을 보이게 될까?

크리스토퍼 라이트 Christopher J. H. Wright 는 기독교의 온유가 일상에서 어떻게 나타나는지를 탐구했다.

> 갈등과 싸움, 거부나 부당함, 가혹한 말에 '그리스도처럼'
> 반응한다는 건 어떤 모습일까? 그것은 고함과 자기방어,
> 가혹하고 공격적인 말, 분노한 제스처와 얼굴 표정, 가시와
> 못처럼 찌르는 행위가 아니다. 바로 부드러움으로 내 혀와 성미를
> 다스리는 것이다. 이 사실을 배웠을 때 [내 안에서] 온유함이
> 나타났다.[3]

라이트의 이 조언을 처음 읽었을 때 큰 도움이 되었다. 특히, 마지막 두 범주인 혀와 성미가 눈에 들어왔다. 하나님 나라의 신학을 공부하고 예수님이 세상을 제자리로 뒤집으시는 방식을 볼수록 우리 안에서 진정한 온유가 나타나야 한다. 온유한 혀와 온유한 성미를 가지도록 성숙해져야 한다.

온유한 혀 -

하나님 나라의 지혜를 얻으면 목소리가 크다고 모두가 귀를 기울이지 않는다는 사실을 깨닫게 되면서 말을 좀 더 부드럽게 사용하게 된다. 지혜롭고 온유한 혀는 소리의 크기가 아니라 사랑

의 크기로 말한다. 신학의 진리를 묵상하면 점점 온유해져서 목소리를 크게 낼 필요성을 느끼지 못한다. 대신, 우리가 하는 말이 부드럽고 지혜로워진다. 성경에서 명령한 대로 "사랑 안에서 참된 것을" 말하게 된다. 엡 4:15

성경은 기독교 윤리의 실천에서 언어 습관에 관해 많이 언급했다. 성경 기자들은 우리 삶에서 말을 제대로 잘 사용하는 점이 매우 중요하다고 강조한다. 말에는 놀랄 만한 큰 힘이 있고, 이 힘은 악하게 사용될 수도 있고 선하게 사용될 수도 있다.

예를 들어, 야고보서의 세 번째 장을 보자. 야고보는 혀를, 회복이 불가능할 정도의 파괴력을 발휘하는 힘, 엄청난 파장을 미치는 힘으로 묘사한다.

우리가 말들의 입에 재갈 물리는 것은 우리에게 순종하게 하려고 그 온몸을 제어하는 것이라 또 배를 보라 그렇게 크고 광풍에 밀려가는 것들을 지극히 작은 키로써 사공의 뜻대로 운행하나니 이와 같이 혀도 작은 지체로되 큰 것을 자랑하도다 보라 얼마나 작은 불이 얼마나 많은 나무를 태우는가 혀는 곧 불이요 불의의 세계라 혀는 우리 지체 중에서 온몸을 더럽히고 삶의 수레바퀴를 불사르나니 그 사르는 것이 지옥 불에서 나느니라 여러 종류의 짐승과 새와 벌레와 바다의 생물은 다 사람이 길들일 수 있고 길들여 왔거니와 혀는 능히 길들일 사람이 없나니 쉬지 아니하는 악이요 죽이는 독이 가득한 것이라 이것으로 우리가 주 아버지를 찬송하고 또 이것으로 하나님의 형상대로 지음을 받은 사람을 저주하나니 한 입에서 찬송과 저주가 나오는도다 내 형제들아 이것이 마땅하지 아니하니라 샘이 한 구멍으로 어찌 단물과 쓴물을 내겠느냐 내 형제들아 어찌 무화과나무가 감람 열매를, 포도나무가 무화과를 맺겠느냐 이와 같이 짠물이 단물을 내지 못하느니라.^{약 3:3-12}

재갈에 대한 비유를 눈여겨보라. 기수가 재갈에 연결된 고삐를 잡으면 이리저리 날뛰는 말^{horse}을 통제해서 어디든 자신이 원하는 방향으로 가게 할 수 있다. 야고보는 말의 입에 물린 재갈의 강력한 통제력을 입속에 있는 혀가 우리에게 미치는 강력한 통제력에 비유한다. 우리는 우리의 언어로 누군가를 세울 수도, 무너뜨릴 수도 있다. 우리의 언어로 상대를 격려할 수도, 조롱할 수도 있다. 하나님을 찬양할 수도, 이 시대의 영에 따라 말할 수도 있다. 요컨대, 그리스도인의 삶에서 혀를 다스리는 삶은 더없이 중요하다. 우리가 하는 말^{words}은 너무나 중요하다.

말의 힘을 이토록 적나라하게 쓰고 있는 바울의 증언은 그리스도인들이 말을 어떻게 사용해야 하는지를 다루는 많은 구절 중 하나일 뿐이다. 성경에는 말에 관한 말씀이 넘치도록 많은데, 그중 언어폭력을 일삼거나 불친절하게 말하라고 명령하고 권면하는 구절은 단 하나도 없다. 오히려 성경은 온유한 말에 지혜가 있다고 일관되게 말하고 있다.

잠언은 "온순한 혀는 곧 생명나무"이며[15:4] "오래 참으면 관원도 설득할 수 있나니 부드러운 혀는 뼈를 꺾느니라"라고 말한다.[25:15] "마음에 가득한 것을 입으로 말"하는 것이라면[마 12:34] 우리는 안정성, 지혜, 배려, 온유로 가득한 사람이 되어야 한다. 복음 중심의 신학이 우리 마음속에 자리를 잡는다면 그것은 우리 이웃들에게 더없이 좋은 소식이 될 것이다. 마음속에 있는 것이 입으로 나오기 때문이다. 우리는 혀를 다스리고 이 강력한 힘을 선하게 사용하기 위한 훈련을 감당해야 한다. 우리의 온유한 말이 오늘날 사방에서 난무하는 말의 혼란을 뚫고, "뼈를 꺾는" 이야기조차 "부드러운 혀"로 전달할 수 있음을 보여 주는 반문화적 힘이 되어야 한다.

온라인 세계 언어 습관 -

우리 시대에는 단순히 육체적인 혀의 부드러움만 논하는 것으로는 뭔가가 부족하다. 이 첨단 기술 시대에 우리가 하는 '말'의 대부분은 온라인 세계에서 이루어진다. 부드러운 혀라는 그리스도인의 덕목은 우리가 온라인에서 사용하는 '디지털 혀'에도 적용되어야 한다.

온라인 세계에서 조롱과 미움이 가득한 말을 주로 사용하는

SNS 사례를 찾기란 그리 어렵지 않다. 안타깝게도, 그리스도인이라 내세우는 이들도 별반 다르지 않다.

우리가 사용하는 디지털 피드는 자신을 높이고 다른 사람들을 비난하기 위한 단어와 문장으로 가득하다. 이곳에서 일어나고 있는 복음의 끔찍한 반전 현상을 볼 수 있어야 한다. 복음은 자신을 낮게 여기고 하나님과 이웃을 높게 여길 것을 요구한다. 하지만 많은 '소셜 미디어 신학자들'은 이웃을 폄하하고 자신을 높이고자 하나님을 '이용'한다.

자신의 '목소리'를 내세우기가 어느 때보다 쉬워졌다. 클릭 몇 번이면 대중이 보도록 또 다른 의견을 올릴 수 있다. 그리스도인은 육체적인 혀와 마찬가지로 '디지털 혀'를 온유하게 사용할 선택권과 의무가 있다. 그 혀를 하나님의 영광과 우리 이웃의 유익을 위해 사용해야 한다.

솔직히 말하면 주변 사람들의 잘못을 지적하는 지극히 주관적이고 독선적인 SNS 사용자들은 더는 필요하지 않다. 디지털 공간을 지혜롭고 온유하게 사용하는 그리스도인들이 필요하다. SNS를 비롯한 디지털 공간은 매일같이 강압적인 말로 세상의 불협화음을 더욱 악화시킬 기회를 제공한다. 하지만 동시에 그 공간은 온유하게 말하고 지혜롭게 사용할 기회도 함께 제공한다.

우리 그리스도인이 분노를 표출하기보다 친절과 배려를 선보이는 기회를 적극적으로 찾으면 우리가 참여하는 디지털 공간이 어떻게 달라질까? 디지털 공간은 그리스도인이 빌립보서 4장 5절의 명령을 가장 마음에 새겨야 할 공간이다. 이 구절에서 바울은 이렇게 명령한다. "너희 관용을 모든 사람에게 알게 하라 주께서 가까우시니라." 분노로 얼룩진 디지털 공간에서 우리는 온유와 배려를 통해 관용을 보여 주어야 한다.

온유한 성미 -

혀를 다스리는 삶만이 아니라 우리가 지닌 성미에서도 온유함을 풍겨야 한다. 온유로 우리의 혀를 다스릴 뿐 아니라 우리의 성미도 다스려야 한다. 신학 교수와 교회 목사라는 양쪽 역할을 오가다 보니 매일매일 회의 스케줄이 많다. 그런데 그런 회의를 할 때 가장 끌리는 사람, 가장 따르고 싶은 리더십은 어느 쪽에도 흔들리지 아니하고 차분함을 유지하는 사람들이다. 교회나 기관이 혼돈에 빠져 있을 때도 그들은 침착성을 잃지 않는 것처럼 보인다. 그들이 상황의 심각성이나 일의 중요성을 인식하지 못해서가 아니라 그들의 영이 진리에 깊이 뿌리를 내리고 있기 때문이다. 수년 동안 관찰한 결과, 내가 그들에게 끌리는 것은 그들의 성미가 온유하기 때문이라는 사실을 발견했다.

온유한 혀를 다룰 때와 마찬가지로, 온유한 성미를 논할 때도 언제나 잠언을 보는 것이 도움이 된다. "노하기를 더디하는 자는 용사보다 낫고 자기의 마음을 다스리는 자는 성을 빼앗는 자보다 나으니라."잠 16:32 사역자가 되기 원하는 이들을 위한 자격 요건에 온유가 들어간 데는 다 그만한 이유가 있다. 바울은 장로들이 "구타하지 아니하며 오직 관용하며 다투지 아니"해야 한다고 말한다.딤전 3:3 여기서 잠언 기자와 바울은 온유한 영을 말하고 있다.

그러나 온유한 성미로 드러나는 온유한 영을 약함과 혼동해서는 곤란하다. 오히려 그 정반대다. 하나님 나라의 윤리가 세상 시각과 전혀 다르다는 점을 논할 때 확인했듯이 온유한 영이 지닌 막대한 힘이 그 증거다. 온유한 영을 지녔다는 것은 내적 혼란을 다스릴 힘을 지녔다는 뜻이다. 반면, 내면이 약한 사람들은 자신의 내적 혼란을 다른 사람들에게 그대로 표출한다. 내게 욕하는 사람에게 욕하지 않고 고통을 당했다고 가해자를 위협하지 않기 위해서는 힘이 필요하다. 이것이 그리스도가 십자가로 가는 길에 증명해 보이신 힘이다.벧전 2:23

우리 주 예수 그리스도는 그분의 멍에가 쉽고 그분의 마음이 온유하다고 선포하신다. 예수님은 그분의 백성들에게 온유한 삶에 큰 지혜가 있다고 가르치신다. 주님이 그렇게 말씀하시면 우리는 귀를 기울여야 한다. 단순히 거친 태도나 성급하여 화를 잘 내는 성격 탓으로 치부해서는 곤란하다. 삼위일체 하나님이 보여 주신 온유에 우리 사고의 시선을 고정해야 한다. 그분이 우리가 원수였을 때 우리를 구속하셨다는 사실을 항상 기억하면서 그분의 온유하심을 마음에 새길 때 삶에서 온유함을 드러낼 수 있다.

SELF-CONTROL

10

깊은 신학의 샘에서 길어 올린
순전한 절제로

유혹을 받을 때마다, 구름이 드리울 때마다,

노래가 한숨으로 바뀔 때, 내 안에서 희망이 죽을 때,

그분께로 더 가까이 다가가면 근심에서 건져 주시네.

그분의 눈은 참새를 향해 있네. 그분이 나를 지켜보신다네.

그분의 눈은 참새를 향해 있네. 그분이 나를 지켜보신다네.[1]

20세기 시인 시빌라 마틴Civilla D. Martin은 중병을 앓던 한 친구를 병문안한 뒤 이 시를 썼다. 마틴이 그 친구에게 그토록 오랫동안 병마와 씨름하고도 어떻게 기쁨을 잃지 않을 수 있냐고 묻자, 친구는 인상적인 대답을 내놓았다. "그분의 눈은 참새를 향해 있네. 그분이 나를 지켜보신다네." 마틴은 이 단순한 표현에 큰 힘이 있다고 생각했고, 이 말을 묵상한 끝에 오늘날 널리 알려진 이 찬송 시를 썼다.

마틴은 마태복음 10장에 기록된 예수님이 하신 말씀에서 영감을 얻었다. "참새 두 마리가 한 앗사리온에 팔리지 않느냐 그러나 너희 아버지께서 허락하지 아니하시면 그 하나도 땅에 떨어지지 아니하리라 너희에게는 머리털까지 다 세신 바 되었나니 두려워하지 말라 너희는 많은 참새보다 귀하니라."29-31절

이 구절은 이 찬송가에 영감을 주었을 뿐 아니라 예로부터 수많은 그리스도인에게 영감을 주었다. 4세기 신학자이자 교회사의 유명한 설교자 중 한 명인 요한 크리소스토무스John Chrysostom는

이 구절을 묵상하고 이렇게 말했다. "그분은 우리에게 일어나는 그 어떤 일도 모르지 않으시며, 실로 육신의 아버지보다도 더 우리를 사랑하신다. 너무 사랑하신 나머지 우리의 머리카락까지 다 세실 정도다. 그러니 우리는 어떤 것도 두려워하지 말아야 한다."[2]

우리가 하나님 손안에 있다는 마태복음 10장의 메시지는 20세기의 시빌라 마틴과 4세기의 요한 크리소스토무스뿐만 아니라, 지금까지 여러 시대의 수많은 그리스도인들을 위로해 주었다. 온 우주에 하나님 손이 미치지 않는 구석이 없다. 이토록 광활한 우주에 하나님의 섬세한 눈길이 닿지 않는 틈이 없다. 하나님이 모르시는 풀잎이나 모래알이 없을 만큼 하나님은 만물의 하나님이시다. 하나님의 주권과 다스리심은 영원토록 무한하다.

네덜란드 신학자 아브라함 카이퍼Abraham Kuyper는 이런 말을 했다. "인간 존재의 영역 전체에서 만물을 주권적으로 다스리시는 그리스도가 '내 것'이라고 외치시지 않는 부분은 단 1제곱인치도 없다."[3]

이러한 하나님의 위대하심을 표현하는 두 가지 신학 용어가 있다. 바로 '주권'과 '섭리'다. 주권은 만물에 대한 하나님의 권세와 다스리심을 말하고, 섭리는 세상 모든 일에 대한 하나님의 돌보심과 다스리심을 의미한다. 하나님의 은혜로운 섭리로 인해 우리는 그분이 주시는 좋은 선물을 많이 받아 누리지만, 하나님은 같은 섭리로 인해 우리에게서 그 선물을 도로 가져가시기도 한다. 우리가 바라보는 시각에서 하나님의 섭리는 달콤한 동시에 씁쓸할 수 있다. 하지만 우리는 그 섭리가 '항상' 선하다는 사실을 안다.

자주 인용되는 로마서 8장 28절은 이렇게 말한다. "우리가 알거니와 하나님을 사랑하는 자 곧 그의 뜻대로 부르심을 입은 자들에게는 모든 것이 합력하여 선을 이루느니라." 따라서 하나님의 섭리가 때로는 뜻밖일지라도 우리의 선하신 하나님에게서 나온 것이기에 언제나 선하다는 사실을 알아야 한다.

하나님의 선한 섭리를 일깨워 주는 또 하나의 성경 구절은 좀 길지만 인용할 만한 가치가 있다. 이번에도 마태복음이다. 마태는 예수님의 말씀을 기록한다. 그는 하나님의 섭리적인 돌봄 아래서는 아무것도 걱정할 필요가 없다는 점을 그리스도인들에게 보여 주려 한다. 예수님은 다음과 같이 말씀하신다.

그러므로 내가 너희에게 이르노니 목숨을 위하여 무엇을 먹을까 무엇을 마실까 몸을 위하여 무엇을 입을까 염려하지 말라 목숨이 음식보다 중하지 아니하며 몸이 의복보다 중하지 아니하냐 공중의 새를 보라 심지도 않고 거두지도 않고 창고에 모아들이지도 아니하되 너희 하늘 아버지께서 기르시나니 너희는 이것들보다 귀하지 아니하냐 너희 중에 누가 염려함으로

그 키를 한 자라도 더할 수 있겠느냐 또 너희가 어찌 의복을
위하여 염려하느냐 들의 백합화가 어떻게 자라는가 생각하여
보라 수고도 아니하고 길쌈도 아니하느니라 그러나 내가
너희에게 말하노니 솔로몬의 모든 영광으로도 입은 것이 이 꽃
하나만 같지 못하였느니라 오늘 있다가 내일 아궁이에 던져지는
들풀도 하나님이 이렇게 입히시거든 하물며 너희일까보냐
믿음이 작은 자들아 그러므로 염려하여 이르기를 무엇을 먹을까
무엇을 마실까 무엇을 입을까 하지 말라 이는 다 이방인들이
구하는 것이라 너희 하늘 아버지께서 이 모든 것이 너희에게
있어야 할 줄을 아시느니라 그런즉 너희는 먼저 그의 나라와 그의
의를 구하라 그리하면 이 모든 것을 너희에게 더하시리라.^{마 6:25-33}

하나님은 공중에 나는 모든 새를 보시고 들판에 핀 모든 백합
화에 생명을 입히신다. 그분은 이 세상과 그 안에 사는 모든 피조
물을 돌보신다. 그분은 섭리 가운데 돌보시며, 그분이 창조하신
이들에게 비를 내려 갈급함을 채워 주신다. 예수님이 참새와 백
합화처럼 작고 하찮아 보이는 것을 비유 대상으로 사용하신 것은
그만큼 하나님이 우리 삶의 지극히 세세한 부분까지 신경 쓰신다
는 뜻이다. 사소하고 대수롭지 않아 보이는 것까지도 다 하나님
의 간섭하심 아래 있다.

'하나님의 섭리'와 '인간의 절제'

성경 내러티브의 전체 흐름만 봐도 그 이야기 전체를 관통하는 하나님의 섭리를 읽을 수 있다. 하나님의 섭리는 계속해서 이스라엘 백성을 인도하고 공급하고 보호한다. 하나님의 섭리가 아니었다면 이 거대한 이야기 속에서 이스라엘 백성은 몇 번이고 파멸에 이르렀을 것이다. 하지만 성경 전체의 거시적 내러티브 외에도 하나님의 섭리는 개개인의 지극히 미시적 부분에서도 펼쳐진다. 예를 들어, 잠언 21장 1절은 하나님이 그분 손으로 왕들의 마음을 봇물처럼 통제하시며 가장 강한 왕들도 그분 뜻대로 움직이실 수 있다고 말한다. 잠언 16장 9절은 우리의 마음이 우리의 길을 계획할지라도 실질적으로 우리의 발걸음을 인도하시는 분은 하나님이시라고 말한다.

기독교 신학에서 하나님의 섭리에 관한 진리는 아름답고도 영광스럽다. 하지만 이 교리가 절제의 덕목과 무슨 상관인가? 이 교리는 전혀 절제를 낳는 교리로 보이지 않는다. 섭리와 주권은 하나님의 통제God's control에 관한 내용이지 우리의 절제self-control와 무슨 상관이 있는가? 절제는 더 열심히 노력하고 조심하는 것이지, 하나님의 주권과 섭리를 믿는 것이 아니지 않은가?

실제로 하나님의 통제는 우리의 절제와 밀접한 관련이 있다. 하나님의 섭리 아래서의 돌보심을 믿는 사람은 시편 기자의 다음과 같은 선포에 동의하는 것이기 때문이다.

> 여호와는 나의 산업과 나의 잔의 소득이시니 나의 분깃을
> 지키시나이다 내게 줄로 재어 준 구역은 아름다운 곳에 있음이여
> 나의 기업이 실로 아름답도다.^{시 16:5-6}

하나님의 섭리는 우리에게 절제를 추구할 자유를 준다. 하나님이 우리가 서 있을 "줄"을 "아름다운 곳"에 두셨고, 공중의 참새들을 돌보시듯 우리를 돌보시기 때문이다. 우리 스스로의 힘으로 살아가야 한다면, 우리의 필요를 돌봐 주시는 은혜로우신 아버지가 계시지 않다면, 우리는 방종에 빠질지도 모른다. 방종은 하나님의 섭리적인 돌보심을 믿지 않고 내가 나를 돌봐야 한다고 생각하는 것이다. 예를 들어,

> * 누군가에게 해를 입어서 복수하기 위해 가혹한 말을 마구 쏟아
>   낸다면 "원수 갚는 것이 내게 있으니"라고 말씀하신 하나님의
>   섭리적인 돌보심을 믿지 못하는 것이다.^{신 32:35; 롬 12:19}
> * 정욕에 눈이 멀어 성적으로 타락한 행동을 함부로 일삼는다면
>   남자와 아내 사이에 성^性이라는 좋은 선물을 주신 하나님의
>   섭리적인 돌보심을 믿지 못하는 것이다.^{잠 5:18-19; 히 13:4}
> * 사람의 인정을 갈망하여 동료에게 존경받거나 자신의

'브랜드'를 구축하기 위해 자신의 재능을 함부로 사용한다면 아들인 예수 그리스도의 정체성으로 우리의 정체성을 감싸 주신 하나님의 섭리적인 돌보심을 믿지 못하는 것이다.고후 5:17; 갈 2:20

우리는 말, 생각, 게으름, 음식, 성, 시간, 여가 활동 등 다양한 경로로 방종에 빠질 수 있다. 이 모든 분야에서 절제가 부족한 모습이 나타날 수 있으며, 방종은 섭리에 따라 우리를 돌보시는 선한 하나님에 대한 불신을 보여 주는 행동이다. 하지만 우리는 하나님이 우리의 필요를 섭리에 따라 돌봐 주실 줄 알기에 욕구를 통제하는 절제력과 지혜를 발휘할 수 있다. 하나님의 섭리에 관한 교리를 제대로 이해하면 절제하기 위한 노력에 얼마큼 도움이 될 수 있을까? 이와 관련해서 성경이 성령의 열매로서 절제에 관해서 뭐라고 말하는지 조금 더 살펴보자.

"육체의 일"에서 보호해 주는 울타리

성경은 이 마지막 열매에 관해서 수도 없이 강조하고 있다. 성경에서 절제는 지혜와 밀접하게 연관되어 있다. 욕구를 자극하는 선택들을 마주했을 때 죽음이 아닌 생명으로 이어지는 것들을 선택할 수 있도록 스스로를 통제하는 능력을 기르는 것이 지혜다. "자기의 마음을 제어하지 아니하는 자는 성읍이 무너지고 성벽이 없는 것과 같으니라."잠 25:28 절제는 우리와 다른 사람들을 해치는 것으로부터 우리 몸과 영을 보호해 주는 울타리 역할을 한다. 방종하는 삶은 담이 없는 성과 같아서 악과 파괴가 맘대로 들어와 날뛸 수 있다.

절제는 갈라디아서 5장 22-23절에 기록된 "성령의 열매"에서 중요한 역할을 한다. 이전의 여덟 가지 열매는 살면서 그리스도인이 추구해야 할 미덕이다. 즉 우리는 사랑, 희락, 화평, 오래 참음, 자비, 양선, 충성, 온유를 적극적으로 추구해야 한다. 반면, 절제는 보다 방어적인 방식으로 작용한다. 즉 우리가 이 미덕 자체를 추구하는 것이 아니라, 이 미덕이 생명을 파괴하는 많은 악덕을 추구하지 못하도록 우리를 막아 준다.

이것이 바울이 절제를 마지막 열매로 제시한 이유 중 하나가 아닐까 싶다. 절제는 갈라디아서 5장에 기록된 "육체의 일"에 해당하는 모든 악덕을 물리쳐 주는 역할을 한다. 이 책 1장에 그려 두었던 비교 표를 기억하는가? 그 표를 보면 성령의 열매는 아홉 가지지만, 육체의 일에는 열여섯 가지나 되는 악덕이 나열되어 있다. 몇 가지만 다시 소개하자면 음행, 더러운 것, 우상숭배, 시기, 분냄, 투기, 술 취함 등이다. 절제가 기독교의 지혜에 해당하는 것은 이 한 가지 열매가 우리의 삶이 위험한 길로 치닫지 않도록 막아 주기 때문이다.

바울이 디도에게 보낸 편지는 절제의 삶을 우리 삶의 모든 악을 막아 주는 지혜의 삶으로 제시한다. 바울은 디도에게 다음과 같이 말한다.

> 모든 사람에게 구원을 주시는 하나님의 은혜가 나타나 우리를
> 양육하시되 경건하지 않은 것과 이 세상 정욕을 다 버리고
> 신중함과 의로움과 경건함으로 이 세상에 살고 복스러운 소망과
> 우리의 크신 하나님 구주 예수 그리스도의 영광이 나타나심을
> 기다리게 하셨으니 그가 우리를 대신하여 자신을 주심은 모든
> 불법에서 우리를 속량하시고 우리를 깨끗하게 하사 선한 일을
> 열심히 하는 자기 백성이 되게 하려 하심이라. 딛 2:11-14

여기서 보면 모든 사람을 구원하시는 예수 그리스도의 복음은 "경건하지 않은 것과 이 세상 정욕"을 다 버리도록 우리를 훈련시킨다. 어떻게 복음이 이 두 가지 악에서 우리를 보호해 주는가? 우리의 삶에 절제를 불어넣음으로써 보호해 준다. 절제란 자신을 파멸로 이끌고 어둠의 왕에게 영광을 더해 주는 것이 아니라 자신을 생명으로 이끌고 우리 하나님께 영광이 되는 것을 선택하는 지혜다.

목마름의 진정한 해갈, 영혼의 진정한 쉼

절제하는 삶이 곧 지혜로운 삶이다. 이번 장이 절제로 이끄는 신학의 유익을 설명하고 있으나 신학만으로는 충분하지 않다. 신학은 절제하는 삶을 기르는 데 '필요한' 요소지만 '충분한' 요소는 아니다. 사실, 다른 모든 성령의 열매에 대해서도 마찬가지다. 탄탄하면서도 적절한 신학을 갖추고서도 도덕적인 죄를 저질러 그리스도의 교회에 먹칠을 하고서 해임된 기독교 지도자가 얼마나 많은가. 신학만으로는 자신의 삶에 심각한 해를 끼치고 복음의 증언을 방해할 수도 있는 나쁜 결정을 막기에 충분하지 않다.

신학만으로는 절제하는 삶을 살기에 충분하지 않지만, 그럼에도 신학은 우리가 살아가는 여정에 은혜 충만한 도움을 준다. '하나님의 섭리'에 관한 교리는 절제의 기초를 쌓기 위해 사용할 수 있는 많은 도구 중 하나다. 하나님의 사랑, 하나님의 심판, 하나님의 교회, 그리스도인의 성화 과정, 하나님의 복음까지 이 모든 것에 대한 기독교 신학의 가르침은 절제로 나아가는 우리 인생 여정에 큰 도움이 될 수 있다. 이외에도 기독교 신학의 수많은 아름다운 교리들이 함께 어우러져 절제하는 삶, 지혜로운 삶으로 이어지는 길로 안내한다.

방종은 저지르기 쉽다. 반면, 절제는 매일 사투를 벌여야 쟁취할 수 있다. 하지만 이런 사투를 벌일 가치가 있다. 뭐든 정욕과 안목에 사로잡히는 것을 즐기면 잠깐은 만족할지 모르나, 그 만족은 이내 증발해 버리고 마는 수증기와도 같다. 방종은 더 큰 불만족을 낳고 더 깊은 뭔가를 향한 갈망을 일으킨다. 방종의 나무에서 떨어지는 열매에는 독이 있다. 먹음직스럽게 보이지만 우리를 온통 사로잡고 우리 삶에 혼돈을 가져와 해가 되는 독 말이다.

방종보다 더 나은 길이 있다. 절제하는 삶은 지켜 내는 데 힘이 들지만 이 삶에는 안정과 지혜가 충만하다. 나아가, 하나님의 섭리 아래서 지혜로운 절제를 보여 주는 삶은 오래가는 진정한 기쁨으로 이어진다. 잊지 말라. 하나님은 우리가 행할 선을 즐거운 곳에 두셨다.^{시 16:5-6} 하나님의 오른손에는 영원한 즐거움이 있다.^{시 16:11} 방종은 잠시 왔다가 순식간에 증발하는 덧없는 쾌락을 주는 반면, 절제는 영원한 기쁨을 낳는다.

예수님이 우물가에서 사마리아 여인에게 하신 영광스러운 말씀을 생각하라. 그분은 영적 목마름을 채워 주는 생명수이시다. 그 물을 마시면 다시는 목마르지 않는다. 제 마음대로 살면 즐거움이 따라오지만, 그 즐거움은 이내 사라져 계속해서 다시 채워야만 한다. 이런 식으로 방종은 다음번 즐거움을 미끼로 우리를 노예로 전락시킨다. 하지만 예수님이 영적 목마름을 충만하게 적시는 생수이심을 믿고 절제하는 지혜로운 삶을 살면 진정한 쉼을 얻을 수 있다.

맺는 글.

좋은 신학이
일상에 미치는
생명력

우리의 지적 사고 활동이 어떻게 영적 삶으로 이어져야 하는지 탐구하는 시간도 막바지에 다다랐다. 지금쯤이면 하나님의 위대하심과 은혜를 지속적으로 묵상할 때 우리 삶에서 성령의 열매가 맺힌다는 점을 분명히 인지했으리라 믿는다. 우리가 무엇에 생각을 쏟느냐에 따라 우리 마음과 손의 방향과 움직임이 결정된다.

하고 싶은 말이 아직 많지만 사도 바울의 서신서에 나오는 세 구절로 이 책을 마무리하는 편이 좋을 듯하다. 빌립보서 4장 8절, 로마서 12장 2절, 고린도후서 3장 18절에서 바울은 우리의 사고와 영적 삶의 중요한 연관성을 보여 준다. 이 세 구절을 하나로 합치면 이렇게 정리할 수 있다. "그리스도 안에서 선과 아름다움과 진리를 묵상하면 마음ᵐⁱⁿᵈ〔사고〕이 새로워지며, 그리스도를 바라봄으로써 변화받아 한 차원의 영광에서 다른 차원의 영광에 이르게 된다." 바울의 표현을 그대로 쓰자면 "이것들을 생각하라", 그리고 "봄"으로써 "변화를 받"으라.

"이것들을 생각하라"(빌 4:8)

우리는 엄청난 가치를 지닌 뭔가를 지니고 있다. 그것은 바로 우리의 '관심'이다. 세상은 우리의 관심을 원하고, 이것을 얻기 위해 무척이나 애를 쓴다. 우리의 관심이 휴대폰에 고정되도록 하기 위해 정교한 알고리즘을 만들어 지속적으로 업그레이드만 담당하는 직업이 있을 정도다. 닐 포스트만Neil Postman은 통찰력 넘치는 책《죽도록 즐기기Amusing Ourselves to Death》에서 우리가 단순한 청중이 되어 버릴 위험에 처해 있다고 경고했다.[1] 세상에서 우리가 보내는 시선과 관심은 일종의 경제적 상품이다.

이외에도 수많은 이유로, 바울이 빌립보 교회에 보낸 편지에서 내린 결론은 1세기 빌립보만큼이나 오늘날에도 유효하다. 바울은 그 편지를 마무리하면서 빌립보 교인들에게 이렇게 지시했다. "끝으로 형제들아 무엇에든지 참되며 무엇에든지 경건하며 무엇에든지 옳으며 무엇에든지 정결하며 무엇에든지 사랑받을 만하며 무엇에든지 칭찬받을 만하며 무슨 덕이 있든지 무슨 기림이 있든지 이것들을 생각하라."빌 4:8

그것이 무엇이든 내가 관심을 주는 것이 나를 형성한다. 수시로 변하고 점점 더 피상적으로 흐르는 세상 사건들에 관심을 쏟으면 그리스도의 제자로서 우리의 지혜와 분별력은 계속해서 줄어들 수밖에 없다. 하지만 바울의 명령을 마음에 새겨 주변의 온갖 방해 요소들에서 눈을 떼고 선하고 아름답고 참된 것에 시선을 고정한다면 지혜롭고 안정된 사람으로 변해 갈 수 있다.

"변화를 받으라"(롬 12:2)

바울이 우리의 사고와 행동 사이의 분명한 연관성을 가리킨 것은 빌립보서에서만이 아니다. 로마서에서 바울은 또다시 이렇게 말한다. "너희는 이 세대를 본받지 말고 오직 마음mind〔사고〕을 새롭게 함으로 변화를 받아 하나님의 선하시고 기뻐하시고 온전하신 뜻이 무엇인지 분별하도록 하라."롬 12:2

아마도 로마서 12장 2절만큼 이 책의 핵심 내용을 정확히 지적한 구절도 없을 것이다. 사고를 새롭게 하면 '변화될' 수 있다. 그렇게 되면 날로 지혜로워져서 하나님의 뜻을 분별하고 선하고 온전한 것을 발견할 수 있다.

우리 시대에 신학이 자주 구시대 산물로 취급받는 현실이 실로 안타깝다. 어떤 이들은 신학이 현실과 동떨어진 사람들을 위한 여가 활동인 것마냥 말한다. 그들에게 신학은 현실과는 상관없고 그저 지적 자극을 위한 활동에 지나지 않는다. 아무쪼록 이 책을 읽으면서 신학에 관한 이런 잘못된 관념이 사라졌기를 바란다. 혹시 그렇지 않았다면 바울이 로마 교인들에게 한 이 말을 유념하라.

기독교 신학을 통해 하나님을 묵상하는 것은 단순한 지적 활동이 아니다. 하나님 그리고 그분과 관계된 모든 것으로 우리의 생각이 향하면 사랑이신 그분께 시선을 고정하게 된다. 그렇게 되면 사고가 새로워져 변화를 받게 된다. 진리로 가득 채운 머리는 사랑 가득한 마음과 다른 이를 적극적으로 돌보는 손길로 이어지게 마련이다.

"주의 영광을 보매"(고후 3:18)

마지막 구절 고린도후서 3장 18절은 내가 가장 좋아하는 구절 중 하나다. 이 영광스러운 장에서 바울은 구약 시대 성도들과 신약 시대 성도들을 비교한다. 그는 우리가 앞서 논했던 한 사건을 회상한다. 바로 출애굽기 33장에서 모세가 시내산에서 하나님의 선하심을 보고 이스라엘 백성이 놀라지 않도록 얼굴에 수건을 덮고 내려온 사건이다. 바울은 구약성경을 읽는 것이 모세처럼 수건으로 가리고 하나님을 보려는 것과도 같다고 말한다. 반면, 예수 그리스도의 얼굴에서 하나님을 보는 것은 수건을 치우고 바라보는 것과도 같다. 하나님의 아름다우심과 찬란하심을 적나라하게 볼 수 있는 것이다.

바울은 이렇게 쓴다. "우리가 다 수건을 벗은 얼굴로 거울을 보는 것같이 주의 영광을 보매 그와 같은 형상으로 변화하여 영광에서 영광에 이르니 곧 주의 영으로 말미암음이니라."고후 3:18

여기서 영광에서 영광에 이르기까지의 순서를 놓치기 쉽다.

하지만 여기서는 무엇보다 주장을 펼치는 순서가 중요하다. 이 구절은 거꾸로 거슬러 올라가는 편이 그 의미를 이해하기 쉽다.

1. 성령이 도우신다.
2. 영광에서 영광에 이를 은혜를 주심으로써.
3. 우리가 그리스도와 같은 영광스러운 형상으로 변화될 때까지.
4. 그분의 영광을 볼 때 그렇게 된다.

이 구절은 아름다움 가득한 영광으로 넘쳐흐른다. 이 책 곳곳에서 우리는 기독교 신학에 꽤 많은 실질적 유익이 있다는 점을 살펴보았다. 그런데 가장 큰 유익 중 하나는 "주의 영광을 보"게 해 준다는 것이다. 우리가 할 수 있는 가장 실용적인 일 가운데 하나는 하나님의 위엄과 은혜를 눈과 마음속에 가득 담는 것이다. 신학이 현실과 동떨어진 상아탑 활동이라는 관념과 정반대다. 신학을 하면서 "어떻게 하면 오늘 이 진리에 따라 살 수 있을까?"와 같은 질문도 중요하지만, 단순히 위대하신 하나님을 바라보는 것만으로도 한없는 지혜가 있다는 점을 잊지 말아야 한다. 하나님을 바라보면 그분을 닮아 가기 시작한다. 한 차원의 영광에서 다른 차원의 영광으로 변해 간다.

"이 같은 것을 금지할 법이 없느니라"(갈 5:23)

우리의 지적 사고 활동이 어떻게 영적 삶으로 이어질 수 있고 이어져야 하는지를 탐구하는 동안, 갈라디아서 5장 22-23절에 나오는 "성령의 열매"가 지혜와 예배의 정북을 가리키는 나침반 역할을 해 왔다. 그런데 이 구절에서 우리가 아직 논하지 않은 정말 중요한 문장이 있다.

바울은 성령의 열매에 관한 내용을 이렇게 마무리한다. "이 같은 것을 금지할 법이 없느니라." "육체의 일"을 구성하는 악덕우상숭배, 원수 맺는 것, 분쟁, 시기, 분냄, 당 짓는 것, 분열함, 투기을 금지하는 법은 수없이 많지만, 성령의 열매를 구성하는 미덕사랑, 희락, 화평, 오래 참음, 자비, 양선, 충성, 온유, 절제을 금지하는 법은 전혀 없다.

뭔가에 탐닉하고 싶거든 성령의 열매에 탐닉하라. 우리는 자비에 탐닉해야 한다. 사랑에 탐닉하고 온유에 탐닉해야 한다. 화평과 오래 참음이라는 샘에서 마셔야 한다. 그것들은 얼마든지 마시고 마셔도 마르지 않는 샘과 같다. 이 열매성령의 '열매들'은 사실상 하나의 '열매'라는 점을 기억하라 하나하나가 우리 삶의 모든 영역에서 맺혀야 한다. 사고만이 아니라 우리의 관계, 정서, 삶, 열정, 말, 행동까지 우리의 모든 영역에서 이 덕목이 묻어 나와야 한다. "이 같은 것을 금지할 법이 없느니라."

성령의 열매를 맺는다는 것은 우리가 서로를 사랑하고 서로의 짐을 져 주게 된다는 것이다.^{갈 5:14; 6:2} 우리는 이 목록에 있는 모든 미덕에 탐닉해야 한다.

간절히 기대하며 기도하는 것

오늘날 과열된 신학적 논쟁이 고작 이 한 권의 책으로 종식되지는 않으리라. 또한 1장에서 제기한 오늘날 신학을 둘러싼 문제점을 이 책만으로 완전히 해결할 수 없다는 것을 너무도 잘 안다. 신학적 묵상은 교만으로 가는 지름길일 뿐 실제 삶에 실질적 소용이 없다고 생각하는 이들에게 이 책이 만족스러운 답을 제시하지 못했을 수도 있다. 비록 이 책이 기독교 신학에 대한 모든 불만을 해결해 주지는 못할지 모르지만, 적어도 당신의 신학적 여정에서 성령의 열매라는 목적지로 몇 걸음 더 나아가는 데 도움이 되었기를 소망한다.

하나님에 관해 생각하는 일에서 우리는 항상 선택의 기로에 선다. 신학이 육체의 일이 되어 서로를 잡아먹게 될 수 있다. 하지만 반대로, 하나님을 지적으로 바라보는 일이 성령의 열매로 이어져 우리가 서로의 짐을 지게 될 수도 있다. 바로 이것이 기독교 신학이 나아가야 할 방향이다. 연륜 있고 뛰어난 신학자에서 하나님과 그분의 세상에 관해 처음으로 생각하기 시작한 초신자에 이르기까지 모두가, 자신의 지적 사고 활동이 영적 삶으로 이어져야 한다는 점을 깨닫게 되기를 소망한다.

지금까지 우리는 성령의 아홉 가지 열매를 논하고 여러 신학적 교리를 통해 각 열매를 탐구했다. 우리는 하나님의 단순성, 하나님의 나라, 그리스도와의 연합, 칭의, 대속, 창조의 교리, 전가된 의, 섭리와 같은 기독교 교리들을 다루었다. 단순히 지식을 알고 이해하는 것에서 머물지 않기를 바란다. 신학하는 삶이 우리를 성령의 열매를 맺는 사람들로 변화시키기를 간절히 소망한다.

이제 기독교 신학의 추구를 위한 마지막 권면과 기도를 나누면서 글을 마치려 한다.

우리의 신학이 사랑으로 이어지기를. 단순히 사랑을 '갖고' 계신 것이 아니라 사랑 '자체'이신 하나님을 생각할 때, 그분의 영광과 은혜를 묵상할 때, 우리가 사랑의 사람들로 변해 가기를 소망한다. 우리가 세 방향의 사랑, 즉 하나님 사랑과 이웃 사랑과 건강한 자기 사랑을 실천하며 살기를 소망한다. 우리가 사랑 안에서 다른 사람들을 자신보다 낫게 여기고 그들의 유익을 위해 우리 자신을 쏟아 내기를 소망한다. 신학적 진리가 우리의 굳어진 마음을 녹이고, 무관심이 타고 남은 잿더미에서 사랑과 존중의 싹이 트기를 소망한다. 우리의 신학이 사랑으로 이어지기를 소망한다.

우리의 신학이 희락으로 이어지기를. 기독교 신학 안에서 돌아가는 수많은 진리의 기어가 우리 영혼에 흔들리지 않는 기쁨을 생산

하기를 소망한다. 우리의 기쁨이 일시적인 기분이나 취향이 아니라 오래가는 뭔가에 뿌리 내리기를 소망한다. 우리의 기쁨이 하나님처럼 변함이 없기를 소망한다. 세상이 병들고 우리 주변 문화는 계속해서 부패하고 있지만 우리는 수시로 변하는 모래에 빠지지 말고 하나님 그리고 그분과 관계된 모든 것들에 관한 진리위에 굳게 서기를 소망한다. 우리의 신학이 희락으로 이어지기를 소망한다.

우리의 신학이 화평으로 이어지기를. 세상은 서로를 물고 뜯는 데 몰두하고 있지만 우리는 뼛속까지 스며든 진리로 인해 더 나은 길을 찾기를 소망한다. 우리 삶에서 분열과 불화를 몰아내기를 소망한다. 나와 너를 가르는 시대정신이 우리 마음속에서 뿌리째 뽑히고, 우리와 의견이 극심하게 갈리는 사람에게서도 하나님의 형상을 보고 상대를 있는 그대로 인정하는 태도가 뿌리 내리기를 소망한다. 하나님의 평강이 우리 마음을 철저히 다스리기를 소망한다. 그래서 변덕스러운 온갖 모든 감정이 오직 하나님의 영광을 바라보는 삶에서만 나오는 깊은 평강의 다스림 아래에 놓이기를 소망한다. 우리의 신학이 화평으로 이어지기를 소망한다.

우리의 신학이 오래 참음으로 이어지기를. 삶이 원하는 속도대로 흘러가기를 바라기보다 가만히 인내할 줄 아는 반문화적 능력을 기르기를 소망한다. 하나님의 깊은 속성을 묵상하되 그분이 스스로를 드러내실 때까지 가만히 기다리려는 의존적인 태도를 기르기를 소망한다. 우리가 시간을 통제할 수 있다는 착각을 버리고, 우리 존재를 둘러싼 모든 시간을 다스리시는 하나님의 주권 가운데 기뻐하기를 소망한다. 우리가 모든 순간을 은혜로 받아들이고, 분노가 아닌 온전한 정신으로 살아가게 되기를 소망한다. 우리가 하나님 그리고 그분과 관계된 모든 것을 묵상할 때 "야곱의 절뚝거림과 모세의 경이로움"으로 살아가게 되기를 소망한다. 우리의 신학이 오래 참음으로 이어지기를 소망한다.

우리의 신학이 자비로 이어지기를. 이 시대에는 자비를 찾아보기 힘들다. 정치적 입장이나 교단이 다른 사람들을 쓰러뜨리고 조롱하는 정신으로 가득하다. 건전한 주장과 배려가 조롱과 냉소에 그 자리를 내주었다. 우리의 신학이 우리로 하여금 조롱의 문화에서 벗어나 상류로 거슬러 올라가게 하기를 소망한다. 하나님의 진리에 대한 우리의 사랑이 우리의 행동, 생각, 말에 자비를 불어넣게 되기를 소망한다. 세상에는 자비를 베푸는 사람이 드물다. 그리스도인이 자비의 사람들로 알려지게 되기를 소망한다. 아무리 거센 비바람에도 흔들리지 않는 확신이 우리를 자비로 이끌기를 소망한다. 우리의 신학이 자비로 이어지기를 소망한다.

우리의 신학이 양선으로 이어지기를. 선과 아름다움과 진리를 묵상하는 삶이 우리 일상에서 선과 아름다움과 진리를 보여 주는 행동으로 표출되기를 소망한다. 선하신 하나님과 그분의 선한 세상에 관한 우리의 신학이 우리의 마음을 변화시켜, 우리 손에 쟁기를 들고 선한 것을 짓게 되기를 소망한다. 우리 시대에 선을 위한 우리의 분투가 지치지 않고 점점 더 큰 열정으로 불타오르기를 소망한다. 개인적 영역과 사회적 영역 모두에서 선을 향한 우리의 사랑과 추구로 인해 정의가 펼쳐지기를 소망한다. 우리의 신학이 양선으로 이어지기를 소망한다.

우리의 신학이 충성으로 이어지기를. 우리가 성경을 읽고 묵상하는 시간에 변함없이 충성할 이유를 발견하고 또 발견하게 되기를 소망한다. 우리가 그리스도인의 충성에 관해 열심히 생각하고 하나님의 영광과 그분의 나라라는 영원한 것을 추구하게 되기를 소망한다. 신학에 근거한 충성 속에서 우리의 변명, 꼼수, 악함, 의심, 변덕이 흔적도 없이 사라지게 되기를 소망한다. 우리의 신학이 선교 현장에서의 신실함, 어머니로서의 신실함, 아버지로서의 신실함, 직원으로서의 신실함, 리더로서의 신실함, 따르는 사람으로서의 신실함으로 이어지기를 소망한다. 하나님의 위대하심과 은혜로우심을 묵상하는 사이에 우리의 마음이 부드러워지고 그분 앞에 무릎을 꿇고 충성하기를 소망한다. 우리의 신학이 충성으로 이어지기를 소망한다.

우리의 신학이 온유로 이어지기를. 우리가 신학을 통해 이 땅의 것과 정반대인 우리 왕과 그분 나라의 질서를 따르기를 소망한다. 진짜 힘은 복수나 이기주의가 아닌 온유에 있다는 사실을 보게 되기를 소망한다. 우리 언어 생활과 성품에서 온유함이 풍겨져 나오기를 소망한다. 조롱, 냉소, 분노, 다툼, 자기과시의 말이 난무하는 세상에서 우리 혀가 온유에 사로잡혀 사랑의 말을 쏟아 내게 되기를 소망한다. 우리의 신학이 우리 안에 온유한 영을 낳기를 소망한다. 그래서 우리가 진정한 목적과 힘을 발견하게 되기를 소망한다. 우리의 신학이 온유로 이어지기를 소망한다.

우리의 신학이 절제로 이어지기를. 삶과 죽음은 하나님 손에 달려 있으며, 그분이 주시는 좋은 것이 부족해질까 걱정할 것 없다는 것. 우리의 신학이 이 사실을 아는 지혜로 이어지기를 소망한다. 우리가 절제를 길러, 어둠의 왕을 비롯해 우리를 순종의 길에서 끌어내리려는 모든 것에서 보호받기를 소망한다. 우리의 신학적 묵상이 추상적인 것에서 벗어나 자기 인식으로 이어지기를 소망한다. 자신의 감정, 열정, 유혹, 욕구 같은 것을 분명히 파악하고서 통제되고 안정된 삶으로 나아가게 되기를 소망한다. 우리가 신학적 묵상을 통해 하나님의 섭리적인 돌보심 아래서 절제된 의의 삶을 단 한 번 사는 것이 악한 방종의 삶을 천 번 사는 것보다 낫다는 확신을 얻게 되기를 소망한다.

모든 그리스도인이 건강한 사고와 평온한 영을 가져 하나님의 영광과 다른 사람들의 유익을 위해 기독교 신학을 추구하게 되기를 기도한다. 우리가 신학을 통해 우리 하나님의 영광을 바라보는 영원한 기쁨에 동참함으로써 이 땅에서 조금이나마 하늘을 맛볼 수 있기를 소망한다. 우리의 신학을 통해 우리 삶에서 육체의 일이 죽고 성령의 열매가 나타나게 되기를 소망한다. 우리가 하나님 그리고 그분과 관계된 모든 것을 날마다 묵상함으로 우리 존재의 모든 영역에서 지적 사고 활동이 영적 삶으로 이어지게 되기를 소망한다.

부록.

신학 입문자를 위한 가이드

존 웹스터John Webster라는 신학자의 말로 이 책을 시작했다. "신학은 하나님 그리고 그분과 관계된 모든 것에 대한 연구다." 이 정의는 매우 중요하다. 신학이 '하나님 중심'의 활동임을 밝혀 주기 때문이다. 웹스터는 기독교 신학을 어떻게 시작할지에 관해서도 언급했다.

> 기독교 신학은 성경적 추론이다. 그것은 하나님께 지음받은
> 지성, 성자와 성령의 역사를 통해 ……〔하나님과 다시〕화목하게
> 되고, 구속받고, 성화된 지성의 활동이다. 나아가, 기독교 신학은
> '선지자들과 사도들의 지성적인 섬김을 통해 피조 세계에 말을
> 거시는' 하나님의 말씀에 대한 이성의 대답의 일부다. 신학의
> 기원은 성령의 도우심으로 하나님의 말씀을 듣는 것이다. 신학은
> 하나님의 소통하시는 임재를 이성적으로 고찰하고 명확히
> 정리하는 것이다.[1]

이 글은 다음과 같은 몇 가지 이유로 새로운또한 경험 많은 신학자들에게 도움이 된다.

1. 기독교 신학이 신앙적인 작업이라는 사실을 일깨워 준다.
   우리에게는 성령의 인도하심과 깨우치심이 필요하다.
   삼위일체 하나님의 도우시는 말씀과 계시가 필요하다.

성자의 구속이 필요하다. 믿지 않는 마음으로 하는 신학은
참담한 결과로 이어질 수 있다. 따라서 기독교 신학의 첫 번째
단계는 기독교 신학의 하나님을 믿고 따르는 것이다.

2. 기독교 신학이 가능한 것은 어디까지나 하나님이 스스로를
드러내기 원하시기 때문이다. 웹스터가 지적하듯이
하나님은 선지자들과 사도들의 지성적인 섬김을 통해
자신을 드러내셨다. 성경은 우리의 신학적인 기초이자
궁극적인 권위다. 기독교 신학자들은 책을 사랑해야 하는데
무엇보다도 성경책을 열정적으로 사랑해야 한다.

3. 웹스터의 메시지는 기독교 신학이 단순히 요약하는 일이
아님을 보여 준다. 기독교 신학은 적극적인 추론이다.
우리의 최종적인 권위는 성경이지만 추론을 통해 하나님의
영광과 다른 사람들의 유익에 이르기 위해 교회사, 철학,
위대한 문학, 자연 같은 것들의 도움을 받아야 한다. 우리는
그리스도를 둘러싼 수천 년간의 대화를 물려받았다. 이
선물을 잘 관리하고 활용해야 한다.

기독교 신학의 출발점으로 다음과 같은 요점도 도움이 될 것이다.

1. **지역 교회 안에서 신학을 해야 한다.** 신학은 홀로 하는 모험이
아니며, 신학을 잘못 하면 파멸로 이어질 수 있다. 신학은

영광스러우면서도 힘든 작업이다. 따라서 우리의 영혼을
지켜봐 줄 언약의 백성들 가운데서 해야 한다.

2. **신학에는 다양한 분야가 있다.** 대부분의 작업은 다양한 도구를
   필요로 한다. 신학도 마찬가지다. 신학은 하나님과 그분과
   관계된 모든 것에 대한 연구지만 연구를 하는 방식은 다양할
   수 있다. 보통 신학자들은 신학을 다음과 같은 네 분야로
   분류한다. 이런 범주를 염두에 두면 하나님을 연구하면서
   질문이 생길 때 적절한 도구를 사용하는 데 도움이 된다.

성경신학	성경 전체 혹은 성경의 일부분에서 이 주제에 관해 무엇을 말하는가?
역사신학	특정 시대의 그리스도인들은 이 주제에 관해 무엇을 생각했는가?
철학신학	이 주제에 관한 내 결론이 논리적인가?
조직신학	이 주제에 관한 내 결론이 기독교 신학의 다른 교리들에 어떤 영향을 미치는가? 이 주제를 바탕으로 다른 교리들을 어떻게 분석하고 정립할 것인가?

3. **교회사의 각 시대를 연구하고 그 시대의 저작들을 읽어야
   한다.** 예수님은 음부의 권세가 교회를 이길 수 없다고
   선언하셨다. 이 약속에 대한 한 가지 증거는 교회가 많은
   위협, 특히 신학적 위협을 받았지만 하나님이 여러 시대의
   그리스도인들을 통해 진리를 유지하고 보호하셨다는
   사실이다. 각 시대의 저작들을 읽으면 식견이 넓은 한
   신학자가 되고 풍성한 기독교 전통에 깊이 감사하게 된다.
   아래 표는 교회사의 여러 시대와 해당 시대의 신학자들이
   많은 시간을 들여 옹호한 신학 분야를 보여 준다.

초대 교회 / 교부 시대	기독론(그리스도론) / 삼위일체론
중세	신론 / 성부론
종교개혁 시대	구원론 / 성경
종교개혁 이후	신학 서론 / 신학방법론
현대	성서론 / 인류

4. **신학하는 방법을 기억해 두라.** 신학은 과학이자 예술이다. 신학은 어떤 질문을 넣고 일련의 과정을 거치면 명확한 신학적 개념이 툭 나오는 마법 공식이 아니다. 신학은 과학적 과정과 예술적 기법들이 어우러진 활동이다. 하지만 신학의 전형적인 방법들은 있다. 다양한 신학적 방법이 있고 이 모든 방법이 완벽하지는 않지만 아래의 방법은 신학을 처음 하는 이들에게 좋은 양식이 될 것이다.

1단계 기도	기독교 신학은 신앙적인 활동이다. 따라서 원천에서부터 시작하라. 하나님께로 나아가 지혜와 통찰을 간구하라.
2단계 해석	해당 주제를 다루는 관련 성경 구절들을 연구하라. 성경 각 부분을 깊이 묵상하라. 그런 다음, 그 개별 부분이 성경 전체와 어떻게 연결되는지 보라.
3단계 성경신학	위 단계를 보라. 해당 주제에 관해 성경 전체가, 또한 성경의 한 부분이 무슨 말을 하는지 혹은 해당 주제가 어떻게 전개되는지에 관심을 가지라.
4단계 역사신학	2천 년이 지난 신앙에서 새로운 것은 대개 좋은 것이 아니다. 새로운 신학적 개념을 얻으면 그것을 교회사 속 신조와 신앙고백에 비추어 검증하라. 역사는 성도들에게 이미 완벽히 전달된 신앙의 길을 벗어나지 않도록 붙잡아 주는 가드레일 역할을 할 수 있다.

5단계 철학신학	4단계와 5단계는 다소 중첩된다. 이 단계는 우리의 전제가 논리적으로 결론에 이르도록 하는 것이다. 자신의 생각을 말할 때는 인식론적 검증을 거쳐야 한다.
6단계 조직신학	하나님은 무질서가 아닌 일관성의 하나님이시다. 따라서 한 교리를 인정하거나 부정하면 몇 가지 다른 교리를 인정하거나 부정해야 한다. 교리 사이의 조직적 관계를 확인하라. 또한 각 교리가 당신의 묵상적 삶과 교의dogma의 구조에 어떤 영향을 미치는지 확인하라.
7단계 다시 시작하라	신학은 평생에 걸쳐 배우는 과정이다. 우리는 '백지 상태'에서 성경 본문을 보지 말아야 한다. 우리는 신학을 통해 성경 본문을 보아야 한다. 신학이 그릇된 해석에 빠지지 않도록 도와주기 때문이다. 우리는 하나님을 바라볼수록 한 차원의 영광에서 다른 차원의 영광에 이른다. 그렇게 변할 때마다 이 과정을 계속해서 다시 시작해야 한다.

5. **신학이 평생의 과정이라는 점을 기억하라.** 신학을 하다 보면 이해되지 않아 답답할 때가 있다. 그런 순간에는 우리가 무엇을 하고 있는지를 기억해야 한다. 우리는 유한한 피조물로서 별이 어디에 걸리고 바다가 어디에서 끝날지를 명령하셨던 우주의 무한하신 하나님에 관해서 생각하고 분석하고 있는 것이다. 이것은 '어려운' 작업이다. 쉽지 않은 것이 너무도 당연하다. 당신이 신학적 진리와 씨름하는 그 순간, 사실은 하나님이 당신을 변화시키고 계시는 중이라는 사실을 기억하며 긴장을 풀라. 우리가 성화되는 것은

신학의 결론을 통해서만이 아니라 신학과 씨름하는 과정을
통해서다.

6. **책을 읽으라.** 최고의 신학자들은 대개 다른 목소리들을 읽는
   신학자들이다. 감사하게도 하나님은 우리가 공동체 안에서
   신학을 하게 해 주셨다. 책이라는 선물을 통해 우리는 다른
   기독교 사상가들이 한 말을 읽고 마음에 새길 수 있다. 신학이
   처음이라면 도움이 될 만한 책 몇 권을 소개한다.

- J. I. Packer, *Concise Theology*; *Knowing God*. J. I. 패커, 《하나님을
  아는 지식》(IVP 역간).
- Kelly Kapic, *The Little Book for New Theologians*.
- Scott Swain, *The Trinity*.
- Charles Octavius Boothe, *Plain Theology for Plain People*.
- Matthew Barrett, *None Greater*. 매튜 바렛, 《무한, 영원, 완전》(개혁
  된실천사 역간).
- Kevin DeYoung, *Taking God at His Word*.
- Jen Wilkin, *Women of the Word*; *None Like Him*. 젠 윌킨, 《주 같은
  분 없네》(예수전도단 역간).
- R. C. Sproul, *Everyone's a Theologian*. R. C. 스프로울, 《모든 사람
  을 위한 신학》(생명의말씀사 역간).
- Athanasius, *On the Incarnation*. 아타나시우스, 《말씀의 성육신에

관하여》(죠이북스 역간).

- Mary Wiley, *Everyday Theology*.
- Michael Reeves, *Delighting in the Trinity*.
- A. W. Tozer, *Knowledge of the Holy*. A. W. 토저, 《하나님을 바로 알자》(생명의말씀사 역간).
- Wilhelmus á Brakel, *The Christian' Reasonable Service*. 이 책은 다른 책들보다 두껍고 어렵지만 좋은 지침서다.

7. 6번에서 소개한 책들을 이미 읽은 연륜 있는 신학자들에게는 다음과 같은 책을 추가로 추천한다.

- Petrus Van Mastricht, Theoretical-Practical Theology. 페트루스 판 마스트리흐트, 《마스트리흐트의 이론과 실천 신학》(부흥과개혁사 역간).
- Herman Bavinck, *Reformed Dogmatics*. 헤르만 바빙크, 《개혁교의학》(부흥과개혁사 역간).
- Anselm, *The Major Works*.
- Thomas Aquinas, *Summa Theologica*. 토머스 아퀴나스, 《신학대전》.
- John Webster, *God without Measure*.
- Christopher Holmes, *The Lord Is Good*.
- Gregory of Nazianzus, *On God and Christ*.
- Kevin Vanhoozer, *Drama of Doctrine*. 케빈 밴후저, 《교리의 드라

마》(부흥과개혁사 역간).

- John Calvin, *The Institutes of the Christian Religion*. 장 칼뱅,《기독교 강요》.
- Hillary of Poitiers, *On the Trinity*.
- Augustine, *City of God*. 아우구스티누스,《하나님의 도성》(CH북스 역간); *The Trinity*.《삼위일체론》(분도출판사 역간).

감사의 말.

신학이 어떻게 우리 영혼을 성화시키고 영적 삶으로 이어지는
지에 관한 책을 쓰는 작업은 곧 끊임없이 회개하는 시간이었다.
각 장을 구상할 때마다 내가 그 성령의 열매를 보이지 못했던 특
정한 사건들이 기억났다. 따라서 무엇보다도 내 절망적인 상태를
보고 다루어 주신 우리 삼위일체 하나님께 가장 먼저 그리고 가장
크게 감사드려야 마땅하다. 늘 실패하고 변덕을 부리는 나를 무
한히 신실하게 대해 주신 하나님께 감사드린다. 게다가 하나님은
의의 보상을 스스로 챙기시지 않고 그 아들과의 연합 안에서 벌레
같은 내게 의의 옷을 입혀 주셨다.

이 책의 대부분을 2021년 여름에 썼는데, 그 여름에 나는 세
명의 저자와 많은 시간을 보냈다. 아우구스티누스와 나지안주스
의 그레고리우스Gregorius와 표도르 도스토옙스키Fyodor Dostoevsky는 각
자의 방식으로 이 책에 많은 것을 덧입혀 주었다. 아우구스티누
스는 묵상이 가장 귀한 일 중 하나라는 사실을 일깨워 주었다. 그

레고리우스는 신학적 작업에서 거룩함이 선택 사항이 아니라는 사실을 보여 주었다. 도스토옙스키는 늘 아름다움과 모험을 생각하게 해 주었다. 또 한 사람 존 웹스터는 이 짧은 책 곳곳에서 등장한다. 직접 인용한 부분은 몇 번 되지 않지만 그의 사상은 각 장에 스며들어 있다.

B&H 팀에도 감사하고 싶다. 테일러 콤즈Taylor Combs는 뛰어난 편집자면서 좋은 친구이기도 했다. 하나님의 영광과 다른 사람들 유익을 위해 헌신하는 그야말로 이 책이 지향하는 그리스도인이다. 이 책의 메시지를 구체적으로 어떻게 실천해야 할지 모르겠다면 그냥 그를 지켜보라. 이 출간 프로젝트를 믿어 주고 젊은 작가에게 신학적 자비와 묵상에 관해 돌아볼 기회를 준 데빈 매독스Devin Maddox와 애슐리 그로만Ashley Groman에게도 감사드린다. 이들은 자신들의 투자가 얼마나 큰 의미가 있는지 다 모를 것이다. 뛰어난 창의성으로 이 책에 투자해 준 제이드 노박Jade Novak과 수잔 브라운Susan Browne에게도 감사를 전한다.

이 책의 초고를 읽고 유용한 피드백을 해 준 세 학생, 조엘 윗슨Joel Whitson과 케이든 클래슨Kaden Classen과 스콧 메도우즈Scott Meadows에게 고맙다. 사려 깊은 학생들은 하나님이 주신 선물이다. 이 세 학생이 내게 그런 선물이었다.

마지막으로, 우리 가족에게 감사 인사를 하고 싶다. 다른 책을 집필할 때처럼 이번에도 나의 신실하신 아버지는 원고를 한 자도

빠짐없이 읽고 귀중한 피드백을 해 주셨다. 내가 기억하는 한, 아버지는 언제나 내 편이셨다. 아버지는 이 책을 마무리하는 데 없어서는 안 될 지원군이셨다.

또 하나님 다음으로 가장 큰 감사를 내 아내와 딸에게 표시하고 싶다. 아내는 큰 희생을 감수하면서까지 내 집필 활동을 전폭적으로 지지해 주었다. 아내는 내 인생에서 가장 크게 모험하고 가장 깊게 사랑하는 존재다.

책을 우리 딸 핀리 제인에게 기꺼이 바친다. 책에 아이와 관련한 몇 가지 일화를 담았다. 딸아이는 내게 그 무엇보다도 귀한 선물이다. 우리 딸아이는 책을 좋아하는 아빠를 스스로 선택하지 않았지만 어릴 적부터 책을 보물로 여기니 얼마나 감사한지 모른다. 우리 딸, 아빠가 사랑한다. 네가 내 딸이어서 고맙고, 네 존재 자체로 하나님께 감사드린단다.

주.

/ 1 /

1. 신학에 대한 이 정의는 많은 출처가 있다. 하지만 나는 신학을 공부하면서 처음 존 웹스터의 책에서 이 정의의 중요성을 느꼈다. John Webster, *God without Measure*, vol. 1 (London: T&T Clarke, 2016), 1.

2. Augustine, *The Trinity*, H. Dressler 편집, S. McKenna 번역 (Washington: CUA Press, 1963), 26.

3. Jen Wilkin, *Women of the Word: How to Study the Bible with Both Our Hearts and Our Minds* (Wheaton: Crossway, 2014), 33.

4. Thomas Aquinas, *Commentary on the Sentences*, Bk. 1, dist. 2, exposition of the text. Gilles Emery, *The Trinity: An Introduction to Catholic Doctrine on the Triune God* (Washington: CUA Press, 2011), xiii에 인용. 아우구스티누스와 아퀴나스의 두 인용문 다 삼위일체에 관한 질 에머리(Gilles Emery)의 탁월한(하지만 학적인) 책에서 처음 발견했다.

/ 2 /

1. Charles Spurgeon, "The First Fruit of the Spirit", *Metropolitan Tabernacle Pulpit*, vol. 30, 289-300.

2. Anselm, "Proslogion", *The Major Works*, Brian Davies, G. R. Evans 편집 (Oxford: Oxford University Press, 1998), 87.

3. Charles Spurgeon, "The Condescension of Christ", *New Park Street Pulpit*, vol. 3, 349-356.

4. "The Creed of Nicaea", Henry Bettenson, Chris Maunder, 편집. *Documents of the Christian Church*, 4th ed. (Oxford: Oxford University Press, 2011), 26-28.

5. C. S. Lewis, *The Four Loves* (New York: Harper Collins, 1960), 155-156. C. S. 루이스, 《네 가지 사랑》(홍성사 역간).

/ 3 /

1. John Piper, *Desiring God: Meditations of a Christian Hedonist* (Colorado Springs: Multnomah, 2011), 18. 존 파이퍼, 《하나님을 기뻐하라》(생명의말씀사 역간).

2. Aaron Menikoff, *Character Matters: Shepherding in the Fruit of the Spirit* (Chicago: Moody, 2020), 42-44.

3. C. S. Lewis, "서문", Athanasius, *On the Incarnation* (New York: St. Vladimir's Seminary Press, 2011), 13. 아타나시우스, 《말씀의 성육신에 관하여》(죠이북스 역간).

4. 하나님의 불변성에 관한 이 글은 곧 나올 내 책에서 가져온 것이다. Ronni Kurtz, *No Shadow of Turning: Divine Immutability in the Economy of Redemption* (Fearn, Ross-Shire, UK: Christian Focus, 근간 예정). 아우구스티누스는 우리의 기쁨을 하나님의 불변성에 연결시킨 역작을 썼다. Augustine, *Letter to Dioscorus, Nicene and Post-Nicene Fathers*, volume 1, 443.

5. Steve Kroft, 톰 브래디와의 인터뷰, *60 Minutes*, CBS, 2005년 6월.

6. C. S. Lewis, *Mere Christianity* (New York: Harper One, 2015) 137. C. S. 루이스, 《순전한 기독교》(홍성사 역간).

/ 4 /

1. 이 진술에 대해 애런 메니코프(Aaron Menikoff)에게 감사드린다. Menikoff, *Character Matters*, 56.

2. Augustine, *Confessions* (Oxford: Oxford University Press, 2008), 3. 아우구스티누스, 《고

백록》.

3. "The Creed of Nicaea" *Documents of the Christian Church*, 26-28.

/ 5 /

1. Matthew Levering, *Scripture and Metaphysics: Aquinas and the Renewal of Trinitarian Theology* (Malden: Blackwell Publishing, 2004), 3.

/ 6 /

1. Douglas Moo, *Galatians in Baker Exegetical Commentary of the New Testament* (Grand Rapids: Baker Academic, 2013), 264.

2. Russell Moore, *Onward: Engaging the Culture without Losing the Gospel* (Nashville: B&H, 2015), 187-205.

3. Moore, *Onward*, 200.

/ 7 /

1. C. S. Lewis, *The Magician' Nephew* (New York: Scholastic, 1955), 116. C. S. 루이스, 《나니아 나라 이야기 1: 마법사의 조카》(시공주니어 역간).

2. 신학자 크리스토퍼 홈즈는 하나님의 완벽한 선하심에 관한 탄탄한 교리를 찾기 위해 시편을 연구한 결과, 하나님의 선하심에 관한 신학을 다룬 훌륭한 책을 썼다. 그는 이렇게 말한다. "선은 다른 위대한 속성(사랑)도 지니지 못한 성경적 밀도와 범위를 지닌다." 요컨대, 하나님의 선하심은 온 성경을 도배하고 있다. Christopher R. J. Holmes, *The Lord Is Good* (Downers Grove, IL: IVP Academic, 2018).

3. Holmes, *The Lord Is Good*, 181.

/ 8 /

1. J. I. Packer, *Knowing God* (Downers Grove, IL: InterVarsity Press, 1993), 64. J. I. 패커, 《하나님을 아는 지식》(IVP 역간).

/ 9 /

1. Arthur Bennett 편집, *The Valley of Vision: A Collection of Puritan Prayers* (Edinburgh: Banner of Truth, 2007), 1. 아서 베넷, 《기도의 골짜기》(복있는사람 역간).

2. Dane Ortlund, *Gentle and Lowly: The Heart of Christ for Sinners and Sufferers* (Wheaton: Crossway, 2020), 18. 데인 오틀런드, 《온유하고 겸손하니》(개혁된실천사 역간).

3. Christopher J. H. Wright, *Cultivating the Fruit of the Spirit: Growing in Christlikeness* (Downers Grove, IL: IVP, 2017), 127. 크리스토퍼 J. H. 라이트, 《크리스토퍼 라이트의 성령의 열매》(CUP 역간).

/ 10 /

1. Civilla D. Martin, "His Eye Is on the Sparrow," copyright 1905, public domain.

2. John Chrysostom, *Homilies of St. John Chrysostom on the Gospel according to Matthew*, Philip Schaff, G. Prevost, M. B. Riddle 편집 (번역본) (New York: Christian Literature Company, 1888), 10:228.

3. Abraham Kuyper, "Sphere Sovereignty" *Abraham Kuyper: A Centennial Reader*, James Bratt 편집 (Grand Rapids: Eerdmans, 1998), 461.

/ 맺는 글 /

1. Neil Postman, *Amusing Ourselves to Death: Public Discourse in the Age of Show Business* (New York: Penguin Books, 2006), 155. 닐 포스트만, 《죽도록 즐기기》(굿인포메이션 역간).

/ 부록 /

1. John Webster, "Biblical Reasoning" in *The Domain of the Word: Scripture and Theological Reason* (London: T&T Clark, 2014), 115.